Einstern

leicht gemacht

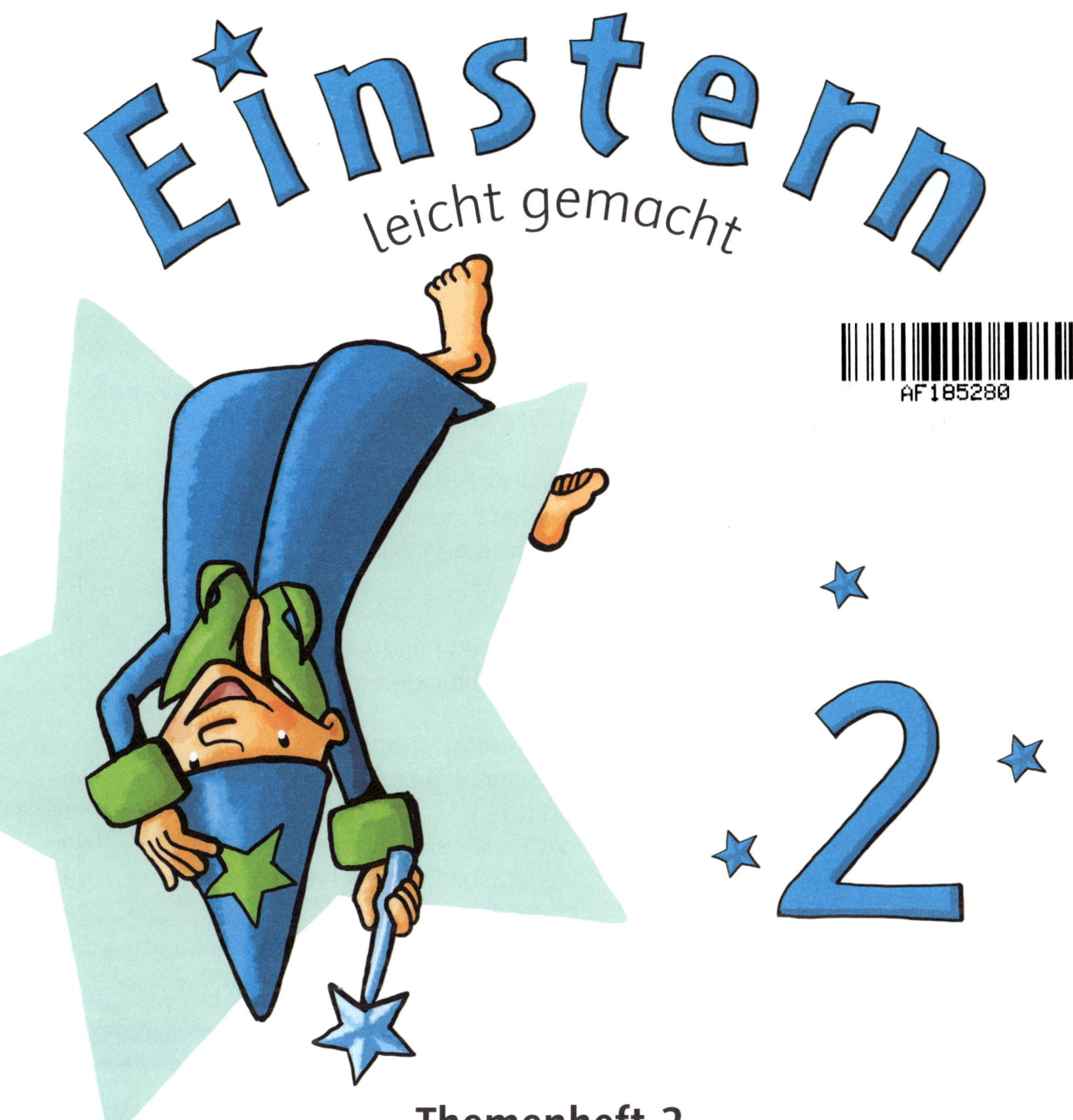

2

Themenheft 2

- ⭐ Addition und Subtraktion von Einern
- ⭐ Sachaufgaben Teil 2 ⭐ Körper ⭐ Zeit

Erarbeitet von Roland Bauer und Jutta Maurach

In Zusammenarbeit mit der Redaktion Mathematik Grundschule

Cornelsen

Inhaltsverzeichnis

1 Löse die Aufgaben.

a) 3 + 4 = ☐

6 + 2 = ☐

1 + 7 = ☐

4 + 5 = ☐

b) 6 − 2 = ☐

8 − 6 = ☐

7 − 3 = ☐

10 − 4 = ☐

Das kannst du schon.

2 Setze die Aufgabenreihen fort.
Löse die Aufgaben.

a) 3 + 3 = ☐

3 + 4 = ☐

3 + 5 = ☐

☐ + ☐ = ☐

b) 9 − 8 = ☐

9 − 7 = ☐

9 − 6 = ☐

☐ − ☐ = ☐

3 Löse die verwandten Aufgaben.

a) 2 + 7 = ☐

12 + 7 = ☐

b) 4 + 4 = ☐

14 + 4 = ☐

c) 6 + 3 = ☐

16 + 3 = ☐

d) 8 − 6 = ☐

18 − 6 = ☐

e) 9 − 2 = ☐

19 − 2 = ☐

f) 7 − 5 = ☐

17 − 5 = ☐

4 Finde und löse zuerst die kleine Aufgabe.
Löse dann die große Aufgabe.

a) 4 + 5 = ☐

14 + 5 = ☐

b) ☐ + ☐ = ☐

16 + 2 = ☐

c) ☐ + ☐ = ☐

11 + 7 = ☐

d) ☐ − ☐ = ☐

14 − 3 = ☐

e) ☐ − ☐ = ☐

19 − 7 = ☐

f) ☐ − ☐ = ☐

16 − 4 = ☐

★ Plus- und Minusaufgaben bis 10 lösen
★ MK: Strukturen von Aufgabenreihen erkennen und fortsetzen
★ Analogieaufgaben im Zahlenraum bis 20 mithilfe der kleinen Aufgabe lösen

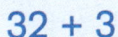

1 Suche dir ein anderes Kind.
Legt die Aufgaben mit Zehner-
streifen und Wendeplättchen.
Zeichnet Rechenbilder.

32 + 3

24 + 4

36 + 3

$32 + 3 = 35$

2 Schreibe zu jedem Rechenbild die Plusaufgabe.

a)

$43 + 3 = 46$

b)

$\boxed{} + \boxed{} = \boxed{}$

c)
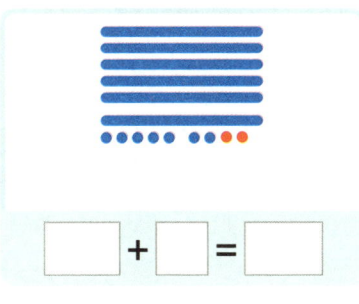
$\boxed{} + \boxed{} = \boxed{}$

d)

$\boxed{} + \boxed{} = \boxed{}$

e)

$\boxed{} + \boxed{} = \boxed{}$

f)
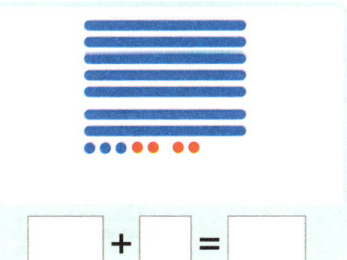
$\boxed{} + \boxed{} = \boxed{}$

3 Zeichne Rechenbilder.
Beachte dabei die Lücke nach fünf Zehnern oder Einern.

a)

$31 + 4 = 35$

b)

$43 + 5 = 48$

c)
$64 + 3 = 67$

★ Plusaufgaben mit Zehnerstreifen und Plättchen legen, passende Rechenbilder zeichnen
★ Rechenbilder in Plusaufgaben übertragen
★ Rechenbilder zu Plusaufgaben zeichnen

 B 5

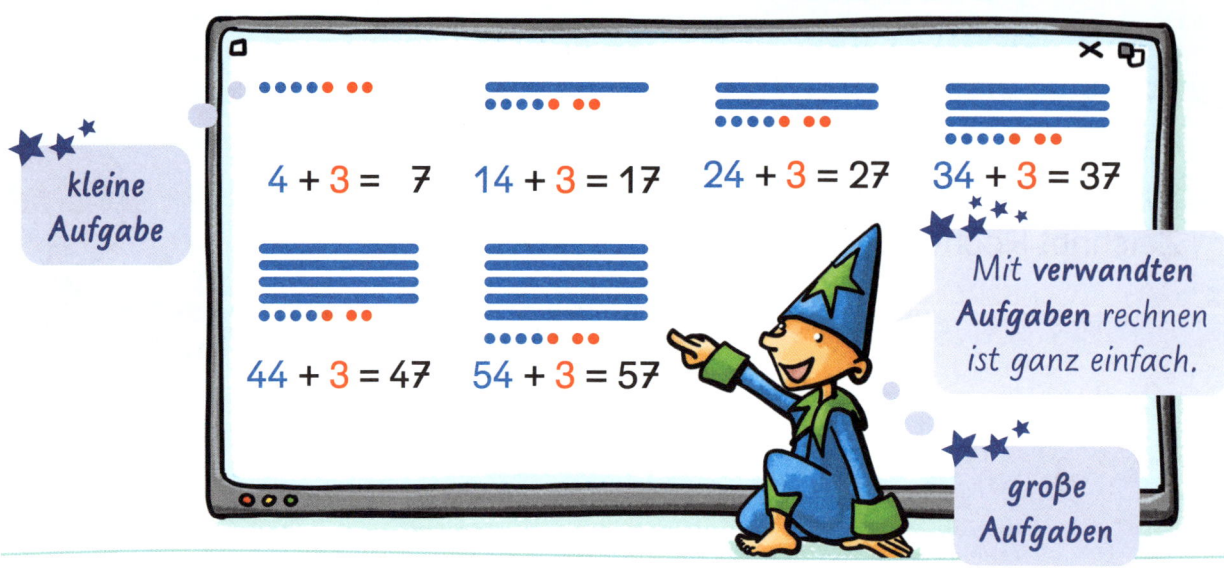

kleine Aufgabe
4 + 3 = 7
14 + 3 = 17
24 + 3 = 27
34 + 3 = 37
44 + 3 = 47
54 + 3 = 57
Mit **verwandten Aufgaben** rechnen ist ganz einfach.
große Aufgaben

1 Schreibe zu den Rechenbildern die kleine und die große Aufgabe.

a) 6 + 3 = 9
26 + 3 = 29

b) ___ + ___ = ___
___ + ___ = ___

c) ___ + ___ = ___
___ + ___ = ___

d) ___ + ___ = ___
___ + ___ = ___

e) ___ + ___ = ___
___ + ___ = ___

f) ___ + ___ = ___
___ + ___ = ___

g) ___ + ___ = ___
___ + ___ = ___

h) ___ + ___ = ___
___ + ___ = ___

i) ___ + ___ = ___
___ + ___ = ___

* zu vorgegebenen Rechenbildern Analogieaufgaben lösen
* **MK:** Strukturen erkennen und nutzen

kleine Aufgabe: 5 + 3 = 8
große Aufgabe: 45 + 3 = 48

Ich rechne zuerst die kleine Aufgabe.

1 Schreibe zu jedem Rechenbild erst die kleine Aufgabe, dann die große.

a]

1 + 7 = 8
31 + 7 = ☐

b]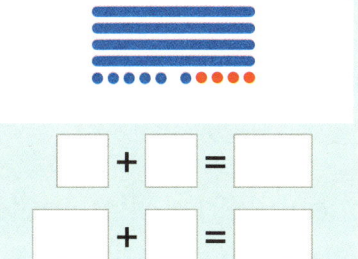

☐ + ☐ = ☐
☐ + ☐ = ☐

c]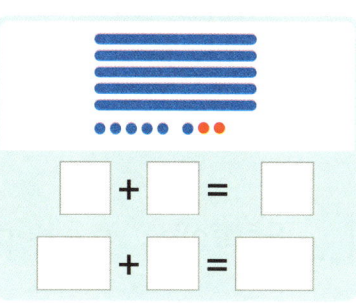

☐ + ☐ = ☐
☐ + ☐ = ☐

d]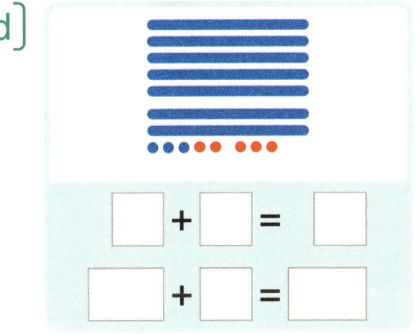

☐ + ☐ = ☐
☐ + ☐ = ☐

e]

☐ + ☐ = ☐
☐ + ☐ = ☐

f]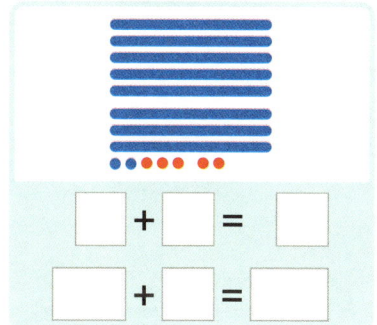

☐ + ☐ = ☐
☐ + ☐ = ☐

2 Löse verwandte Aufgaben.

a] 5 + 4 = 9
    45 + 4 = 49

b] 2 + 4 = ☐
    62 + 4 = ☐

c] 1 + 6 = ☐
    51 + 6 = ☐

d] 6 + 2 = ☐
    76 + 2 = ☐

e] 2 + 7 = ☐
    72 + 7 = ☐

f] 7 + 3 = ☐
    87 + 3 = ☐

3 Finde und löse zuerst die kleine Aufgabe. Löse dann die Aufgabe.

a] 6 + 2 = 8
    56 + 2 = 58

b] ☐ + ☐ = ☐
    73 + 3 = ☐

c] ☐ + ☐ = ☐
    92 + 5 = ☐

d] ☐ + ☐ = ☐
    53 + 3 = ☐

e] ☐ + ☐ = ☐
    41 + 6 = ☐

f] ☐ + ☐ = ☐
    62 + 6 = ☐

★ zu vorgegebenen Rechenbildern erst die kleine, dann die große Aufgabe finden und lösen
★ Analogieaufgaben lösen
★ die kleine Aufgabe finden und als Rechenhilfe nutzen

 ÜH 12,13   AH 20   **7**

1 Suche dir ein anderes Kind.
Legt die Aufgaben mit Zehner-
streifen und Wendeplättchen.
Zeichnet Rechenbilder.

28 – 5

56 – 5

68 – 2

$28 - 5 = 23$

2 Schreibe zu jedem Rechenbild die Minusaufgabe.

a)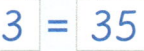

$38 - 3 = 35$

b)

 ☐ – ☐ = ☐

c)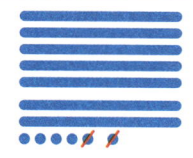

☐ – ☐ = ☐

d)

☐ – ☐ = ☐

e)

☐ – ☐ = ☐

f)

☐ – ☐ = ☐

3 Zeichne Rechenbilder.
Beachte dabei die Lücke nach fünf Zehnern oder Einern.

a)

$45 - 2 = 43$

b)

$37 - 5 = 32$

c)

$64 - 3 = 61$

B

★ Minusaufgaben mit Zehnerstreifen und Plättchen legen, passende Rechenbilder zeichnen
★ Rechenbilder in Minusaufgaben übertragen
★ Rechenbilder zu Minusaufgaben zeichnen

kleine Aufgabe

8 − 3 = 5   18 − 3 = 15   28 − 3 = 25   38 − 3 = 35

48 − 3 = 45   58 − 3 = 55

Mit *verwandten* *Aufgaben* rechnen ist ganz einfach.

große Aufgaben

1 Schreibe zu den Rechenbildern die kleine und die große Aufgabe.

a)
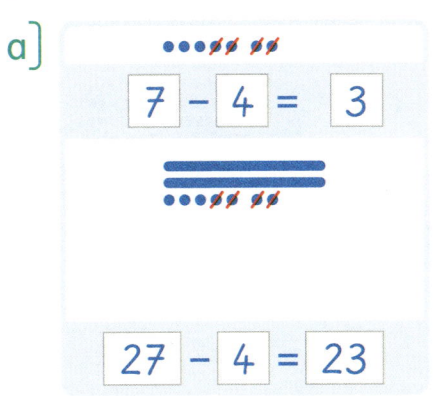

7 − 4 = 3

27 − 4 = 23

b)
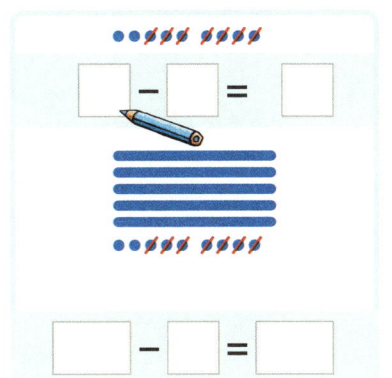

☐ − ☐ = ☐

☐ − ☐ = ☐

c)
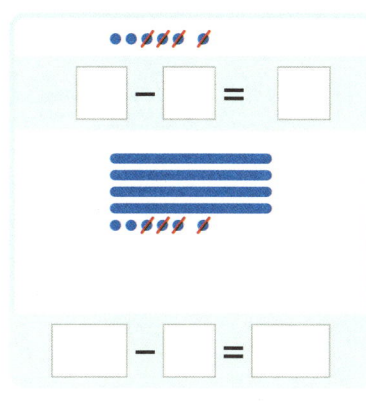

☐ − ☐ = ☐

☐ − ☐ = ☐

d)
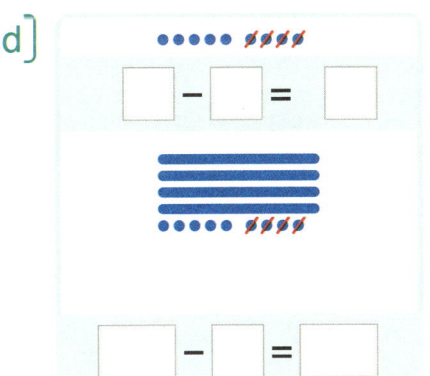

☐ − ☐ = ☐

☐ − ☐ = ☐

e)
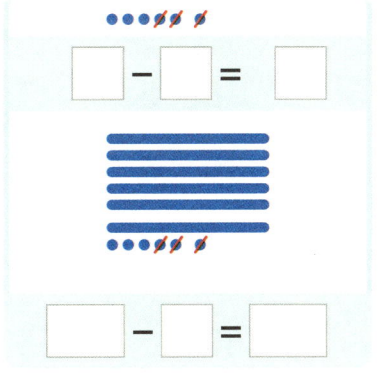

☐ − ☐ = ☐

☐ − ☐ = ☐

f)
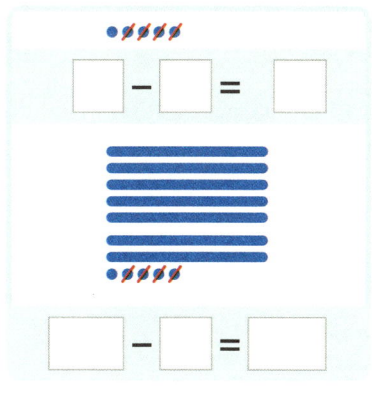

☐ − ☐ = ☐

☐ − ☐ = ☐

g)
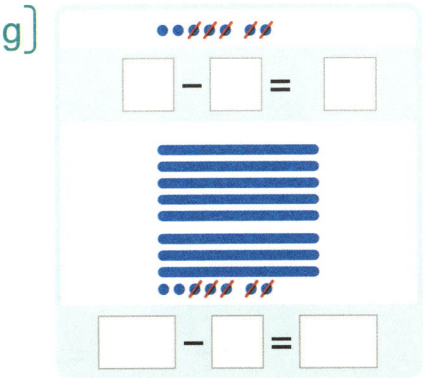

☐ − ☐ = ☐

☐ − ☐ = ☐

h)
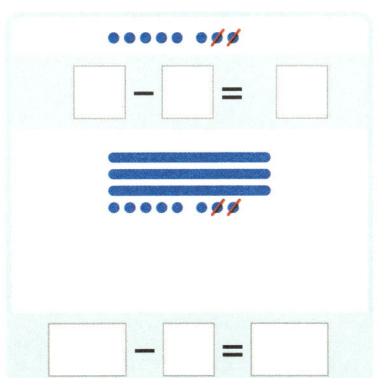

☐ − ☐ = ☐

☐ − ☐ = ☐

i)
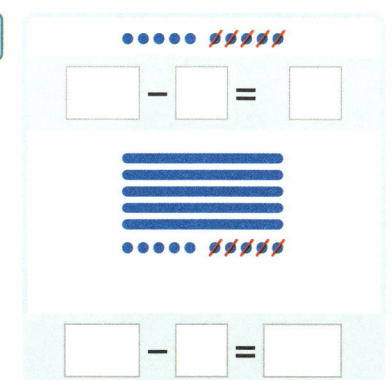

☐ − ☐ = ☐

☐ − ☐ = ☐

★ zu vorgegebenen Rechenbildern Analogieaufgaben lösen
★ MK: Strukturen erkennen und nutzen

1 Die kleine Aufgabe bei Minusaufgaben als Rechenhilfe nutzen

kleine Aufgabe: 6 – 2 = 4
große Aufgabe: 56 – 2 = 54

Ich rechne zuerst die kleine Aufgabe.

1 Schreibe zu jedem Rechenbild erst die kleine Aufgabe, dann die große.

a)
8 – 5 = 3
38 – 5 = ☐

b)
☐ – ☐ = ☐
☐ – ☐ = ☐

c)
☐ – ☐ = ☐
☐ – ☐ = ☐

d)
☐ – ☐ = ☐
☐ – ☐ = ☐

e)
☐ – ☐ = ☐
☐ – ☐ = ☐

f)
☐ – ☐ = ☐
☐ – ☐ = ☐

2 Löse verwandte Aufgaben.

a) 6 – 4 = 2
   36 – 4 = 32

b) 8 – 5 = ☐
   78 – 5 = ☐

c) 8 – 3 = ☐
   38 – 3 = ☐

d) 9 – 6 = ☐
   69 – 6 = ☐

e) 9 – 8 = ☐
   89 – 8 = ☐

f) 4 – 2 = ☐
   74 – 2 = ☐

3 Finde und löse zuerst die kleine Aufgabe. Löse dann die Aufgabe.

a) 7 – 3 = 4
   87 – 3 = 84

b) ☐ – ☐ = ☐
   54 – 2 = ☐

c) ☐ – ☐ = ☐
   45 – 4 = ☐

d) ☐ – ☐ = ☐
   39 – 7 = ☐

e) ☐ – ☐ = ☐
   88 – 5 = ☐

f) ☐ – ☐ = ☐
   67 – 6 = ☐

 AH 21   ÜH 14,15

★ zu vorgegebenen Rechenbildern erst die kleine, dann die große Aufgabe finden und lösen
★ Analogieaufgaben lösen
★ die kleine Aufgabe finden und als Rechenhilfe nutzen

$$32 \xrightleftharpoons[-4]{+4} 36$$

$$32 + 4 = 36$$
$$36 - 4 = 32$$

32 + 4 = 36 und
36 − 4 = 32 sind
Umkehraufgaben.

---

1 Schreibe die Plusaufgaben mit Ergebnis und die Umkehraufgabe auf.

a) $$33 \xrightleftharpoons[-6]{+6} 39$$

$$33 + 6 = 39$$
$$39 - 6 = \boxed{}$$

b) $$82 \xrightleftharpoons[-4]{+4} \boxed{}$$

$$\boxed{} + \boxed{} = \boxed{}$$
$$\boxed{} - \boxed{} = \boxed{}$$

c) $$61 \xrightleftharpoons[-9]{+9} \boxed{}$$

$$\boxed{} + \boxed{} = \boxed{}$$
$$\boxed{} - \boxed{} = \boxed{}$$

2 Schreibe die Minusaufgaben mit Ergebnis und die Umkehraufgaben auf.

a) $$49 \xrightleftharpoons[+7]{-7} 42$$

$$49 - 7 = 42$$
$$42 + 7 = \boxed{}$$

b) $$78 \xrightleftharpoons[+3]{-3} \boxed{}$$

$$\boxed{} - \boxed{} = \boxed{}$$
$$\boxed{} + \boxed{} = \boxed{}$$

c) $$57 \xrightleftharpoons[+5]{-5} \boxed{}$$

$$\boxed{} - \boxed{} = \boxed{}$$
$$\boxed{} + \boxed{} = \boxed{}$$

3 Löse die Aufgaben.
Kontrolliere die Ergebnisse mit der Umkehraufgabe.

a) $$85 - 2 = \boxed{83} \text{, denn } \boxed{83} + \boxed{2} = \boxed{85}$$

$$97 - 3 = \boxed{} \text{, denn } \boxed{} + \boxed{} = \boxed{}$$

$$76 - 2 = \boxed{} \text{, denn } \boxed{} + \boxed{} = \boxed{}$$

b) $$53 + 4 = \boxed{57} \text{, denn } \boxed{57} - \boxed{4} = \boxed{53}$$

$$35 + 3 = \boxed{} \text{, denn } \boxed{} - \boxed{} = \boxed{}$$

$$94 + 4 = \boxed{} \text{, denn } \boxed{} - \boxed{} = \boxed{}$$

★ Umkehraufgaben bilden, ablesen und notieren
★ Umkehraufgaben bilden und als Lösungskontrolle verwenden
★ SF: den Begriff „Umkehraufgabe" verwenden

D 20

11

1 Löse verwandte Aufgaben.

a)
4 + 2 = ☐
14 + 2 = ☐
34 + 2 = ☐

b)
1 + 7 = ☐
21 + 7 = ☐
51 + 7 = ☐

c)
3 + 4 = ☐
23 + 4 = ☐
83 + 4 = ☐

d)
9 − 5 = ☐
19 − 5 = ☐
49 − 5 = ☐

e)
5 − 2 = ☐
25 − 2 = ☐
75 − 2 = ☐

f)
7 − 6 = ☐
27 − 6 = ☐
97 − 6 = ☐

2 Löse zuerst die Plusaufgabe.
Finde die passende Umkehraufgabe und löse sie.
Male zusammengehörige Kärtchen in der gleichen Farbe an.

37 + 2 = 39

91 + 8 = ☐

55 + 3 = ☐

65 + 4 = ☐

42 + 5 = ☐

73 + 3 = ☐

76 − 3 = ☐

69 − 4 = ☐

39 − 2 = 37

47 − 5 = ☐

99 − 8 = ☐

58 − 3 = ☐

3 Löse die Aufgaben. Ordne sie passend zu.

54

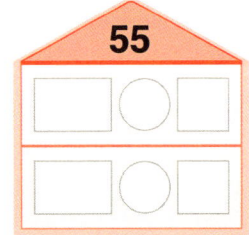
55

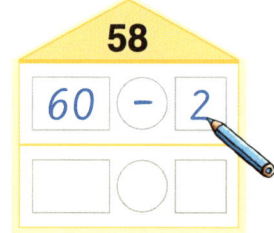
58
60 − 2

~~60 − 2~~   50 + 4   51 + 4   59 − 5   59 − 4   51 + 7

★ Analogieaufgaben lösen
★ Aufgaben und Umkehraufgaben zuordnen und lösen
★ Plus- und Minusaufgaben lösen und richtig zuordnen

1 Löse die Aufgaben.

Ergänze bei jeder Aufgabenreihe zwei weitere passende Aufgaben.

a) 71 + 8 = ☐

71 + 7 = ☐

71 + 6 = ☐

☐ + ☐ = ☐

☐ + ☐ = ☐

b) 41 + 4 = ☐

42 + 4 = ☐

43 + 4 = ☐

☐ + ☐ = ☐

☐ + ☐ = ☐

c) 52 + 7 = ☐

53 + 6 = ☐

54 + 5 = ☐

☐ + ☐ = ☐

☐ + ☐ = ☐

d) 67 – 6 = ☐

67 – 5 = ☐

67 – 4 = ☐

☐ – ☐ = ☐

☐ – ☐ = ☐

e) 84 – 3 = ☐

85 – 3 = ☐

86 – 3 = ☐

☐ – ☐ = ☐

☐ – ☐ = ☐

f) 35 – 2 = ☐

36 – 3 = ☐

37 – 4 = ☐

☐ – ☐ = ☐

☐ – ☐ = ☐

2 Betrachte gemeinsam mit einem anderen Kind,

wie sich in Aufgabe 1 in den einzelnen Reihen die Ergebnisse verändern.

Ergänze die Sätze.

Die richtigen Lösungen findest du in den Sternen.

Aufgabe 1 a): Das Ergebnis _____

Aufgabe 1 b), d) und e): Das Ergebnis _____

Aufgabe 1 c) und f): Das Ergebnis _____

wird immer um 1 kleiner

bleibt gleich

wird immer um 1 größer

3 Schreibe die ersten drei Aufgaben

einer Aufgabenreihe auf.

Bitte ein anderes Kind diese fortzusetzen.

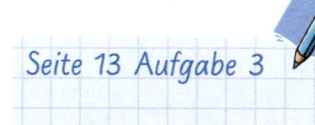

Seite 13 Aufgabe 3

...

★ MK: die Struktur von Aufgabenreihen erkennen und diese fortsetzen
★ MK: die Struktur von Aufgabenreihen beschreiben
★ MK: eigene Aufgabenreihen bilden

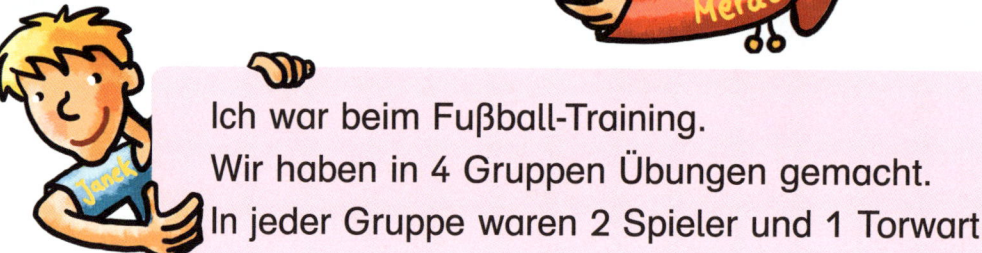

Sofie ist gestern 5 Runden auf dem Sport-
platz gelaufen. Ich bin mit ihr zusammen
gelaufen und dann noch 2 Runden alleine.

Ich war beim Fußball-Training.
Wir haben in 4 Gruppen Übungen gemacht.
In jeder Gruppe waren 2 Spieler und 1 Torwart.

1 Ordne die Fragen den Rechengeschichten von Meral und Janek zu.
Umkreise die Kärtchen in der Farbe des Zettels.

Wie viele Runden ist Sofie gelaufen?

Wie viele Gruppen haben Übungen gemacht?

Wie viele Torwarte waren es?

Wie viele Runden ist Meral gelaufen?

Wie viele Kinder waren beim Fußball-Training?

Wie viele Runden ist Sofie weniger gelaufen als Meral?

2 Schreibe zu jeder Rechengeschichte eine eigene Frage.

Meral:

Janek:

★ Rechengeschichten vorgegebene Fragen zuordnen
★ zu Rechengeschichten selbst Fragen formulieren

Max hat 12 Monsterkarten.
Tobi hat nur 6 Monsterkarten.

Paul hat 6 Tiersticker mehr als Sofie.
Sofie hat 12 Tiersticker.

1 Ordne die Fragen den Rechengeschichten zu.
Umkreise die Kärtchen in der Farbe des Zettels.
Trage die Ergebniszahlen ein.

a) Wie viele Monsterkarten hat Max? `12`

Wie viele Tiersticker hat Sofie?

Wie viele Monsterkarten hat Tobi?

Wie viele Tiersticker hat Paul mehr als Sofie?

b) Wie viele Monsterkarten haben Max und Tobi zusammen?

Wie viele Tiersticker hat Paul?

2 Ordne die Fragen den Rechengeschichten zu.
Umkreise die Kärtchen in der Farbe des Zettels.
Ermittle die Ergebniszahlen.

Wie viele Monsterkarten muss Max Tobi schenken,
damit sie gleich viele haben?

Wie viele Tiersticker muss Paul Sofie schenken,
damit sie gleich viele haben?

★ Rechengeschichten vorgegebene Fragen zuordnen
★ zu vorgegebenen Fragen Ergebnisse aus den Rechengeschichten ablesen bzw. ermitteln

 ÜH 16   **15**

1 Ordne die Fragen (F) und Antworten (A) passend zu. Kreise ein.

a) F: Wie viele Kinder stehen am Sprungbrett?

F: Wie viele Kinder sitzen auf der Bank?

F: Wie viele Vogelbilder sind am Fenster?

A: Auf der Bank sitzen 7 Kinder.

A: Am Fenster sind 5 Vogelbilder.

A: Am Sprungbrett stehen 3 Kinder.

b) F: Wie viele Kinder haben einen Schwimmring?

F: Wie spät ist es?

F: Wie viele Kinder tragen eine Bademütze?

A: 3 Kinder tragen eine Bademütze.

A: 3 Kinder haben einen Schwimmring.

A: Es ist 10 Uhr.

2 Ergänze die Antworten (A) zu den Fragen (F).

a) F: Wie viele Handtücher liegen auf der Bank?

A: Auf der Bank liegen ___ Handtücher.

b) F: Wie viele Kinder sind im Schwimmbecken?

A: Im Schwimmbecken sind ___ Kinder.

1 Kreuze die zur Frage (F) passende Antwort (A) an.

a) An der Bushaltestelle stehen 28 Kinder.
7 davon steigen in den ersten Bus ein.

F: Wie viele Kinder stehen dann noch da?

R: 28 − 7 = 21

| A: An der Bushaltestelle steigen 7 Kinder ein. ○ | A: Es stehen noch 21 Kinder an der Bushaltestelle. ✗ | A: Im Bus sitzen jetzt 23 Kinder. ○ |

b) Lea und Anne sammeln Schneckenhäuser.
Lea hat 23 Schneckenhäuser, Anne hat 5 mehr als Lea.

F: Wie viele Schneckenhäuser hat Anne?

R: 23 + 5 = 28

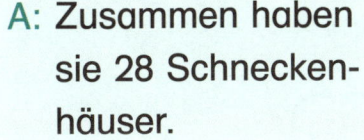

| A: Zusammen haben sie 28 Schneckenhäuser. ○ | A: Lea hat 23 Schneckenhäuser. ○ | A: Anne hat 28 Schneckenhäuser. ○ |

c) Max und Tim sammeln Sticker.
Max hat 32 Sticker, Tim hat 6 Sticker mehr als Max.

F: Wie viele Sticker hat Tim?

R: 32 + 6 = 38

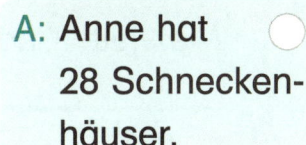

| A: Zusammen haben sie 38 Sticker. ○ | A: Tim hat 38 Sticker. ○ | A: Max hat 38 Sticker. ○ |

2 Ergänze die Antwort (A) zu der Frage (F).

Im Bus sitzen 28 Kinder.
6 davon steigen an der Haltestelle aus.

F: Wie viele Kinder sitzen dann noch im Bus?

R: 28 − 6 = 22

A: Im Bus sitzen dann noch ☐ Kinder.

1 Ordne jeder Rechengeschichte (G) die passende Frage (F), Rechnung (R) und Antwort (A) zu. Kreise ein.

Rechengeschichten (G):

Beim Dosenwerfen stehen 15 Dosen übereinander.
Tim hat 4 getroffen.

Von 58 Losen
wurden erst 7 Lose verkauft.

Beim Sackhüpfen warten 7 Kinder.
Nun kommen noch 5 Kinder dazu.

Fragen (F):

Wie viele Kinder stehen nun beim Sackhüpfen an?

Wie viele Dosen stehen noch?

Wie viele Lose sind noch übrig?

Rechnungen (R):

58 − 7 = 51   7 + 5 = 12   15 − 4 = 11

Antworten (A):

Nun stehen 12 Kinder beim Sackhüpfen an.

11 Dosen stehen noch.

51 Lose sind noch übrig.

1 Finde zu jeder Rechengeschichte (G) eine Frage (F),
die Rechnung (R) und Antwort (A).

a G: Tim ist 8 Jahre alt.
Seine Mutter ist 39 Jahre alt.

F: *Wie viele Jahre ist Tim jünger als seine Mutter?*

R: ☐ ◯ ☐ = ☐

A: _____

b G: Tom hat 24 Fußballbilder.
Paul schenkt ihm noch 5 Fußballbilder.

F: _____

R: ☐ ◯ ☐ = ☐

A: _____

c G: Lena hat eine Perlenkette mit 68 Perlen.
Leider ist die Kette gerissen.
6 Perlen sind verloren gegangen.

F: _____

R: ☐ ◯ ☐ = ☐

A: _____

2 Schreibe zu jeder Rechnung (R) eine Rechengeschichte (G)
und eine Frage (F).

a R: 25 + 3 = 28

b R: 58 − 6 = 52

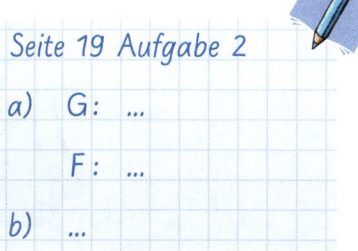

Seite 19 Aufgabe 2

a) G: ...

F: ...

b) ...

★ SF: zu einer Rechengeschichte Frage, Rechnung und Antwort finden
★ SF: zu einer vorgegebenen Rechnung eine passende Rechengeschichte
mit Frage schreiben

1 Zeichne die Rechenbilder fertig. Löse die Aufgaben.

a]

$7 + 5 = \boxed{}$

b]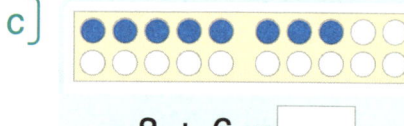

$9 + 7 = \boxed{}$

c]

$8 + 6 = \boxed{}$

2 Löse die Aufgaben.

a] $8 + 4 = \boxed{12}$

$7 + 6 = \boxed{}$

$8 + 7 = \boxed{}$

b] $6 + 6 = \boxed{}$

$9 + 8 = \boxed{}$

$2 + 9 = \boxed{}$

c] $9 + 6 = \boxed{}$

$7 + 7 = \boxed{}$

$9 + 9 = \boxed{}$

d] $5 + 6 = \boxed{}$

$8 + 5 = \boxed{}$

$10 + 9 = \boxed{}$

Das kannst du schon.

3 Ergänze passend.

a]
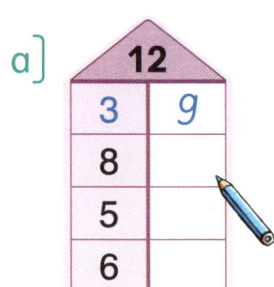

12	
3	9
8	
5	
6	

b]
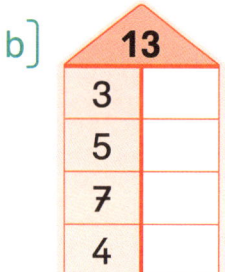

13	
3	
5	
7	
4	

c]
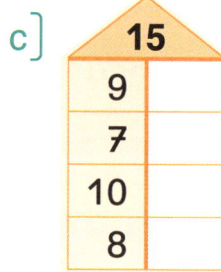

15	
9	
7	
10	
8	

 4 Übe mit einem anderen Kind zusammen die Plusaufgaben bis 20.

8 plus 3   11

★ Plusaufgaben mit Zehnerüberschreitung im Zahlenraum bis 20 lösen
★ Ergänzungsaufgaben in Zahlenhäusern lösen

Plusaufgaben zeichnen und lösen

1 Suche dir ein anderes Kind.
Legt die Aufgaben mit Zehner-
streifen und Wendeplättchen.
Zeichnet Rechenbilder.

$48 + 6 = 54$

48 + 6

29 + 4

38 + 3

2 Schreibe zu jedem Rechenbild die Plusaufgabe.

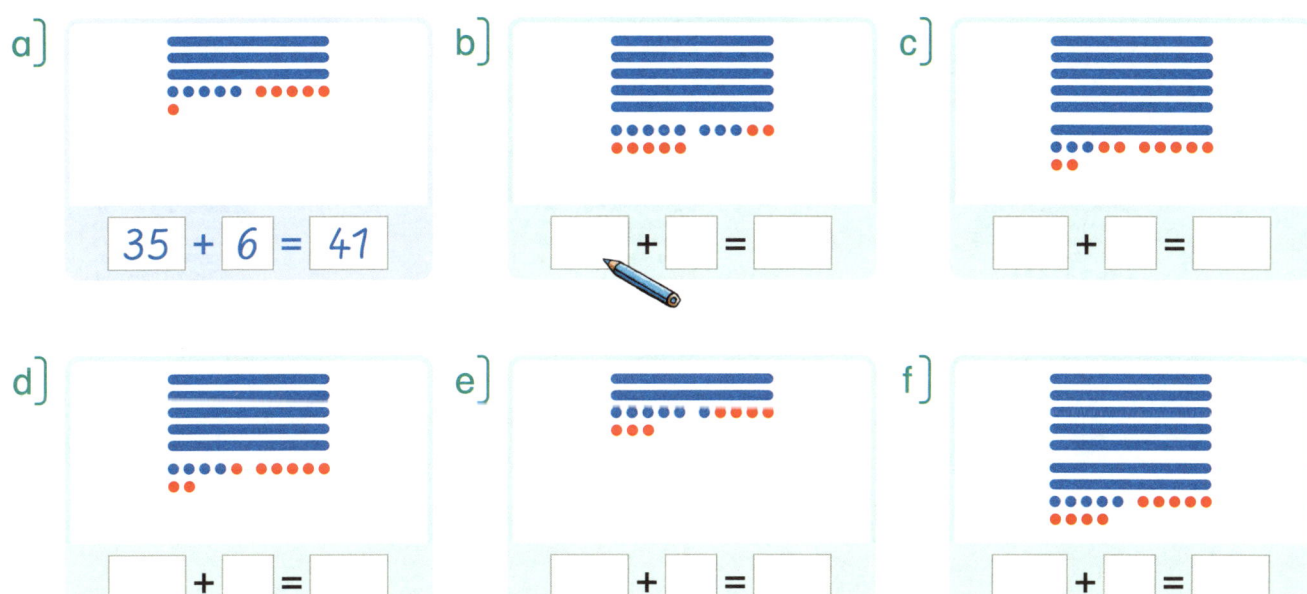

a) $35 + 6 = 41$

b) $\boxed{} + \boxed{} = \boxed{}$

c) $\boxed{} + \boxed{} = \boxed{}$

d) $\boxed{} + \boxed{} = \boxed{}$

e) $\boxed{} + \boxed{} = \boxed{}$

f) $\boxed{} + \boxed{} = \boxed{}$

3 Zeichne Rechenbilder.
Beachte dabei die Lücke nach fünf Zehnern oder Einern.

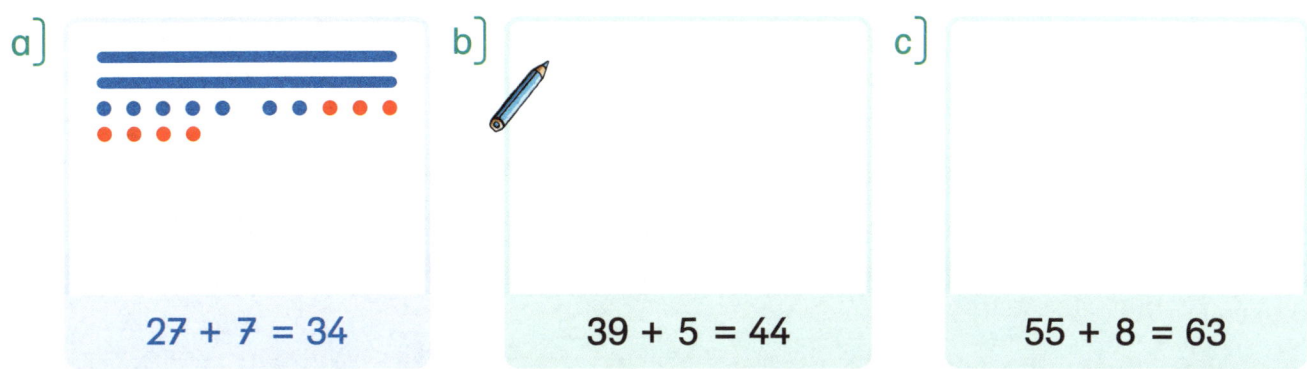

a) $27 + 7 = 34$

b) $39 + 5 = 44$

c) $55 + 8 = 63$

★ Plusaufgaben mit Zehnerstreifen und Plättchen legen, passende Rechenbilder zeichnen
★ Rechenbilder in Plusaufgaben übertragen
★ Rechenbilder zu Plusaufgaben zeichnen

B   21

1 Schreibe zu den Punktebildern verwandte Aufgabenpaare.

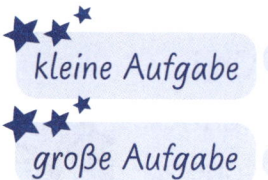
kleine Aufgabe
große Aufgabe

a)

$7 + 4 = 11$

$57 + 4 = 61$

b)
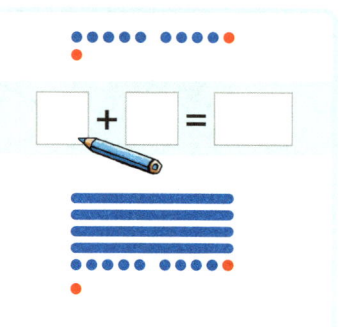

$\boxed{} + \boxed{} = \boxed{}$

$\boxed{} + \boxed{} = \boxed{}$

c)

$\boxed{} + \boxed{} = \boxed{}$

$\boxed{} + \boxed{} = \boxed{}$

d)
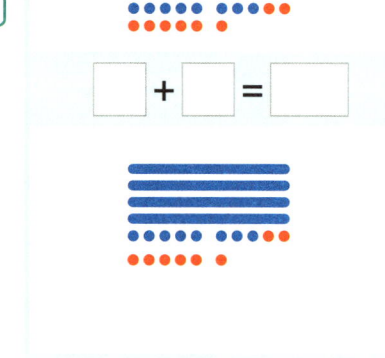

$\boxed{} + \boxed{} = \boxed{}$

$\boxed{} + \boxed{} = \boxed{}$

e)
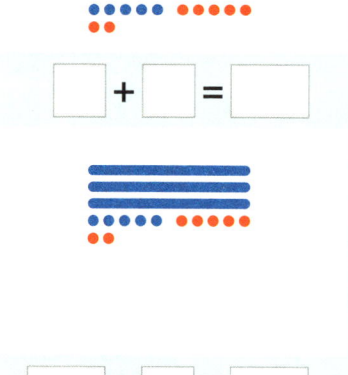

$\boxed{} + \boxed{} = \boxed{}$

$\boxed{} + \boxed{} = \boxed{}$

f)
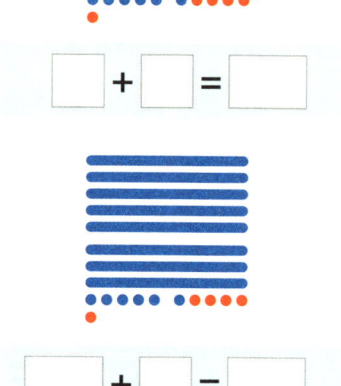

$\boxed{} + \boxed{} = \boxed{}$

$\boxed{} + \boxed{} = \boxed{}$

2 Schreibe zu den Punktebildern verwandte Aufgaben.

a)
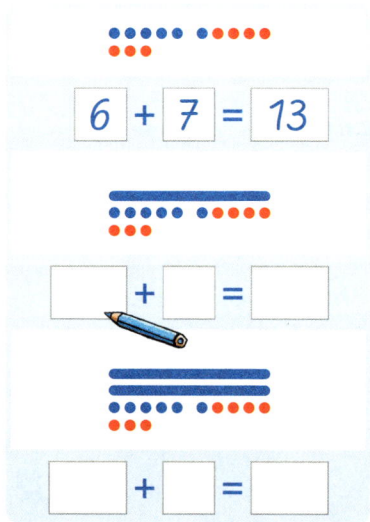

$6 + 7 = 13$

$\boxed{} + \boxed{} = \boxed{}$

$\boxed{} + \boxed{} = \boxed{}$

b)
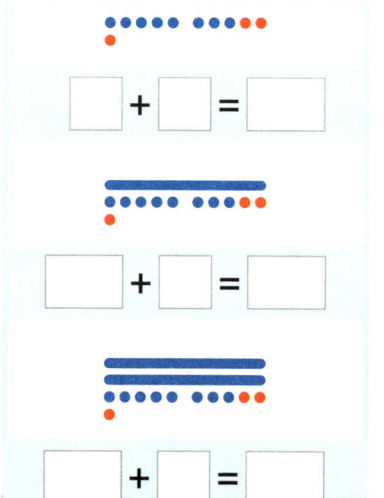

$\boxed{} + \boxed{} = \boxed{}$

$\boxed{} + \boxed{} = \boxed{}$

$\boxed{} + \boxed{} = \boxed{}$

c)
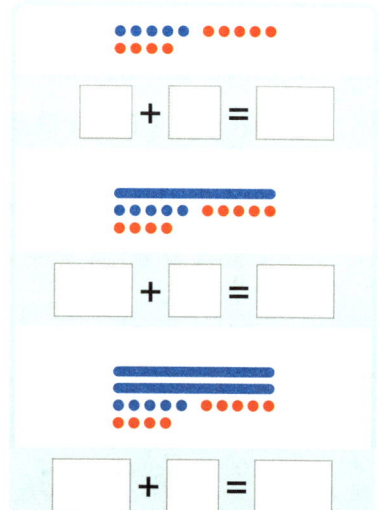

$\boxed{} + \boxed{} = \boxed{}$

$\boxed{} + \boxed{} = \boxed{}$

$\boxed{} + \boxed{} = \boxed{}$

★ zu vorgegebenen Rechenbildern Analogieaufgaben lösen
★ MK: Strukturen erkennen und nutzen

kleine Aufgabe: 9 + 4 = 13
große Aufgabe: 29 + 4 = 33

Ich rechne zuerst die kleine Aufgabe.

---

1 Löse die verwandten Aufgaben.

a) 6 + 8 = ☐
   16 + 8 = ☐
   46 + 8 = ☐

b) 9 + 4 = ☐
   29 + 4 = ☐
   69 + 4 = ☐

c) 7 + 5 = ☐
   17 + 5 = ☐
   87 + 5 = ☐

2 Löse die verwandten Aufgaben und ergänze eigene.

a) 4 + 7 = ☐
   24 + 7 = ☐
   ☐ + ☐ = ☐

b) 6 + 9 = ☐
   36 + 9 = ☐
   ☐ + ☐ = ☐

c) 8 + 7 = ☐
   18 + 7 = ☐
   ☐ + ☐ = ☐

3 Finde und löse zuerst die kleine Aufgabe.
Löse dann die Aufgabe.

a) 8 + 5 = 13
   38 + 5 = 43

b) ☐ + ☐ = ☐
   45 + 7 = ☐

c) ☐ + ☐ = ☐
   76 + 8 = ☐

d) ☐ + ☐ = ☐
   74 + 7 = ☐

e) ☐ + ☐ = ☐
   86 + 6 = ☐

f) ☐ + ☐ = ☐
   44 + 9 = ☐

g) ☐ + ☐ = ☐
   57 + 5 = ☐

h) ☐ + ☐ = ☐
   88 + 3 = ☐

i) ☐ + ☐ = ☐
   59 + 8 = ☐

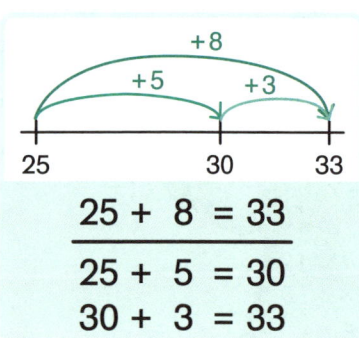

$$25 + 8 = 33$$
$$25 + 5 = 30$$
$$30 + 3 = 33$$

Rechne zuerst bis zum nächsten Zehner und dann weiter.

1 Lies die Rechenschritte am Rechenstrich ab.
Schreibe sie auf.

a)

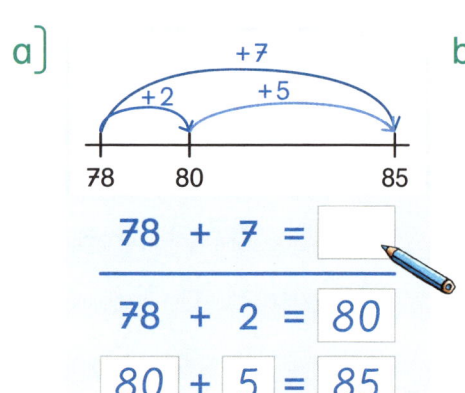

$78 + 7 = \boxed{}$

$78 + 2 = \boxed{80}$

$\boxed{80} + \boxed{5} = \boxed{85}$

b)

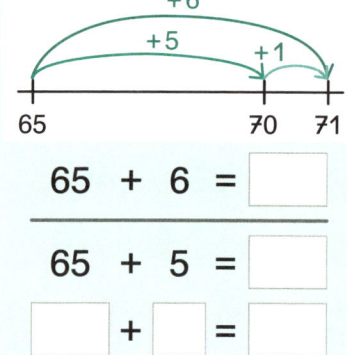

$65 + 6 = \boxed{}$

$65 + 5 = \boxed{}$

$\boxed{} + \boxed{} = \boxed{}$

c)

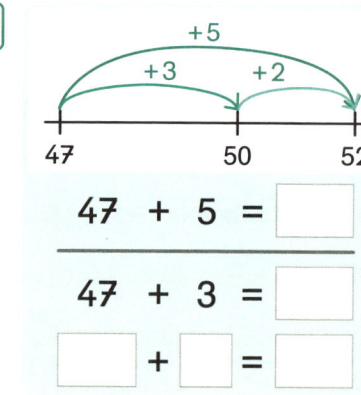

$47 + 5 = \boxed{}$

$47 + 3 = \boxed{}$

$\boxed{} + \boxed{} = \boxed{}$

2 Lies die Aufgabe und die Rechenschritte am Rechenstrich ab.
Schreibe sie auf.

a)

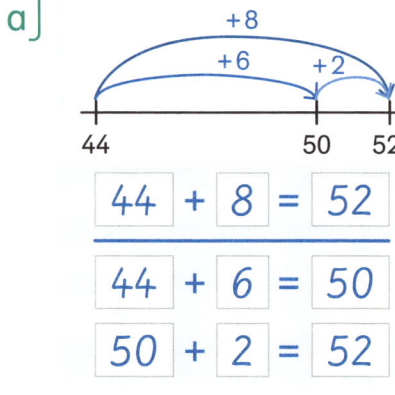

$\boxed{44} + \boxed{8} = \boxed{52}$

$\boxed{44} + \boxed{6} = \boxed{50}$

$\boxed{50} + \boxed{2} = \boxed{52}$

b)

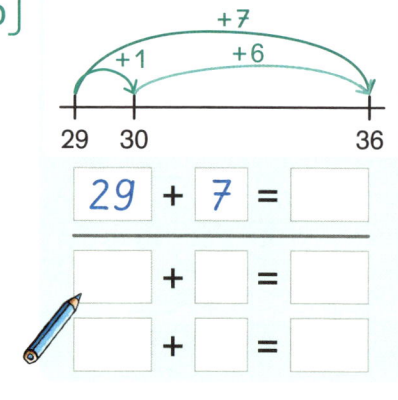

$\boxed{29} + \boxed{7} = \boxed{}$

$\boxed{} + \boxed{} = \boxed{}$

$\boxed{} + \boxed{} = \boxed{}$

c)

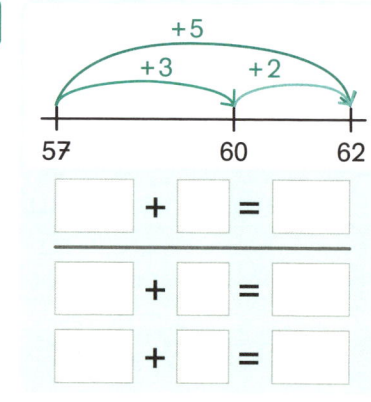

$\boxed{} + \boxed{} = \boxed{}$

$\boxed{} + \boxed{} = \boxed{}$

$\boxed{} + \boxed{} = \boxed{}$

3 Finde die beiden Rechenschritte. Löse die Aufgaben.

a) $77 + 6 = \boxed{}$

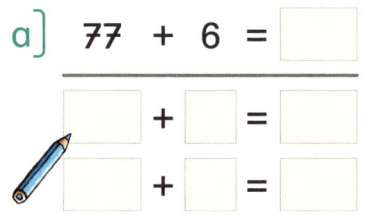

$\boxed{} + \boxed{} = \boxed{}$

$\boxed{} + \boxed{} = \boxed{}$

b) $35 + 8 = \boxed{}$

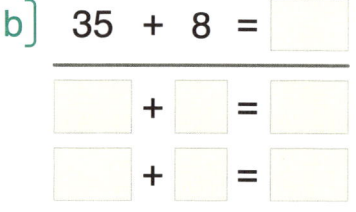

$\boxed{} + \boxed{} = \boxed{}$

$\boxed{} + \boxed{} = \boxed{}$

c) $68 + 4 = \boxed{}$

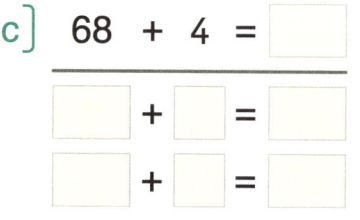

$\boxed{} + \boxed{} = \boxed{}$

$\boxed{} + \boxed{} = \boxed{}$

★ Rechenschritte am Rechenstrich ablesen
★ Plusaufgaben mit Zehnerüberschreitung in zwei Schritten lösen
★ die beiden Rechenschritte notieren

Ich rechne zuerst
+10 und dann −1.

$$27 + 9 = 36$$
$$27 + 10 = 37$$
$$37 - 1 = 36$$

1 Lies die Rechenschritte am Rechenstrich ab.
Schreibe sie auf.

a)

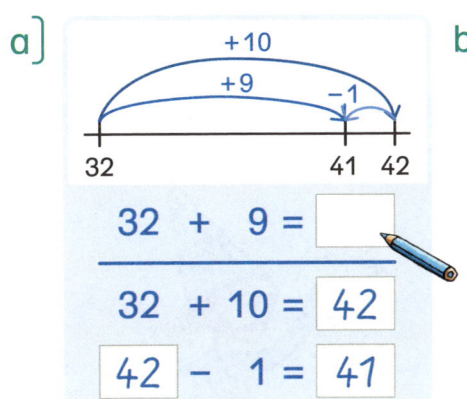

$$32 + 9 = \boxed{}$$
$$32 + 10 = \boxed{42}$$
$$\boxed{42} - 1 = \boxed{41}$$

b)

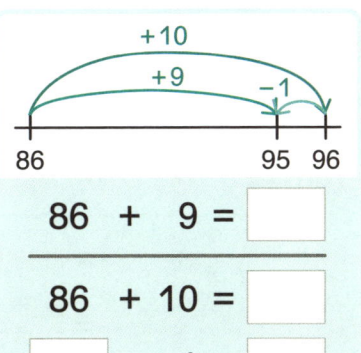

$$86 + 9 = \boxed{}$$
$$86 + 10 = \boxed{}$$
$$\boxed{} - 1 = \boxed{}$$

c)

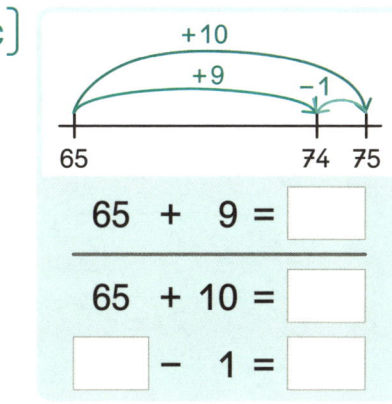

$$65 + 9 = \boxed{}$$
$$65 + 10 = \boxed{}$$
$$\boxed{} - 1 = \boxed{}$$

2 Lies die Aufgabe und die Rechenschritte am Rechenstrich ab.
Schreibe sie auf.

a)

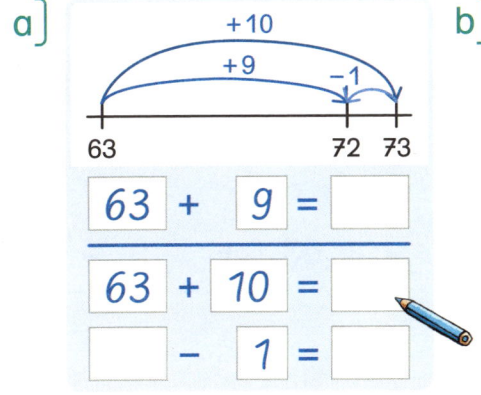

$$\boxed{63} + \boxed{9} = \boxed{}$$
$$\boxed{63} + \boxed{10} = \boxed{}$$
$$\boxed{} - \boxed{1} = \boxed{}$$

b)

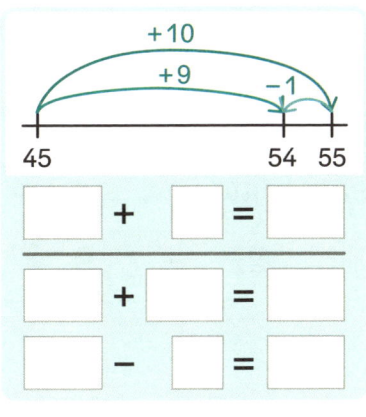

$$\boxed{} + \boxed{} = \boxed{}$$
$$\boxed{} + \boxed{} = \boxed{}$$
$$\boxed{} - \boxed{} = \boxed{}$$

c)

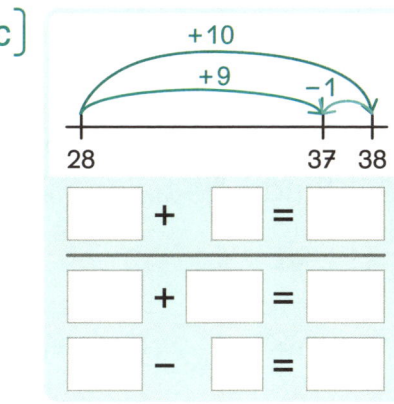

$$\boxed{} + \boxed{} = \boxed{}$$
$$\boxed{} + \boxed{} = \boxed{}$$
$$\boxed{} - \boxed{} = \boxed{}$$

3 Finde die beiden Rechenschritte. Löse die Aufgaben.

a) $84 + 9 = \boxed{}$

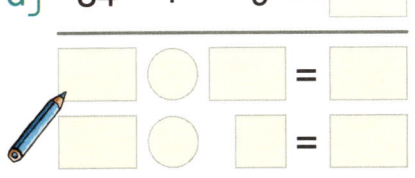

b) $39 + 9 = \boxed{}$

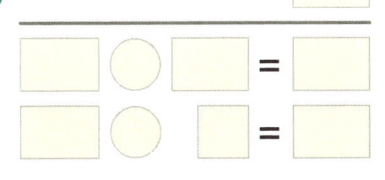

c) $76 + 9 = \boxed{}$

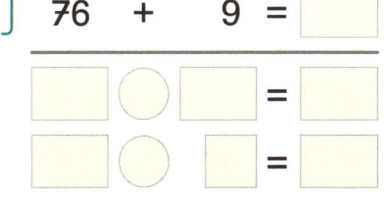

3 Plusaufgaben mit verschiedenen Strategien lösen

1 Finde und löse zuerst die kleine Aufgabe.
Löse dann die Aufgabe.

a] $8 + 7 = 15$
$38 + 7 = 45$

b] $\boxed{} + \boxed{} = \boxed{}$
$45 + 6 = \boxed{}$

c] $\boxed{} + \boxed{} = \boxed{}$
$26 + 9 = \boxed{}$

d] $\boxed{} + \boxed{} = \boxed{}$
$84 + 8 = \boxed{}$

e] $\boxed{} + \boxed{} = \boxed{}$
$57 + 6 = \boxed{}$

f] $\boxed{} + \boxed{} = \boxed{}$
$68 + 8 = \boxed{}$

2 Finde die beiden Rechenschritte.
Löse die Aufgaben.

Zuerst bis zum nächsten Zehner und dann weiter.

a] $47 + 5 = \boxed{}$
$47 + 3 = 50$
$50 + 2 = \boxed{}$

b] $29 + 6 = \boxed{}$
$\boxed{} + \boxed{} = \boxed{}$
$\boxed{} + \boxed{} = \boxed{}$

c] $58 + 4 = \boxed{}$
$\boxed{} + \boxed{} = \boxed{}$
$\boxed{} + \boxed{} = \boxed{}$

d] $75 + 8 = \boxed{}$
$\boxed{} + \boxed{} = \boxed{}$
$\boxed{} + \boxed{} = \boxed{}$

3 Löse die Plus-9-Aufgaben.
Finde die beiden Rechenschritte.

a] $54 + 9 = \boxed{}$
$54 + 10 = 64$
$64 - 1 = \boxed{}$

b] $27 + 9 = \boxed{}$
$\boxed{} \bigcirc \boxed{} = \boxed{}$
$\boxed{} \bigcirc \boxed{} = \boxed{}$

c] $63 + 9 = \boxed{}$
$\boxed{} \bigcirc \boxed{} = \boxed{}$
$\boxed{} \bigcirc \boxed{} = \boxed{}$

4 Löse zuerst die Tauschaufgabe.

a] $29 + 3 = \boxed{}$
$3 + 29 = \boxed{}$

b] $\boxed{} + \boxed{} = \boxed{}$
$6 + 87 = \boxed{}$

c] $\boxed{} + \boxed{} = \boxed{}$
$7 + 58 = \boxed{}$

* Plusaufgaben mit verschiedenen vorgegebenen Strategien lösen

Ich rechne zuerst die kleine Aufgabe.

8 + 5 = 13
48 + 5 = 53

Ich rechne in zwei Schritten.

57 + 8 = 65
57 + 3 = 60
60 + 5 = 65

Ich rechne die Tauschaufgabe.

28 + 3 = 31
3 + 28 = 31

Ich rechne zuerst + 10.

36 + 9 = 45
36 + 10 = 46
46 − 1 = 45

1 Wie rechnest du die Aufgaben?
Verbinde die Aufgaben mit deinem Rechenweg.

47 + 5   68 + 7   25 + 9   6 + 77

kleine Aufgabe – große Aufgabe   in zwei Schritten rechnen   Tauschaufgabe   zuerst + 10

57 + 9   46 + 6   7 + 34   85 + 8

2 Rechne im Heft.
Finde einen passenden Rechenweg. Schreibe ihn auf.

a) 86 + 6 = ☐
   75 + 9 = ☐
   27 + 5 = ☐

b) 4 + 68 = ☐
   43 + 9 = ☐
   58 + 7 = ☐

Seite 27 Aufgabe 2

a)   ...

3 Löse die Aufgaben.
Rechne deinen Rechenweg im Kopf.

a) 39 + 4 = 43
   75 + 7 = ☐
   4 + 88 = ☐

b) 67 + 4 = ☐
   43 + 8 = ☐
   85 + 6 = ☐

c) 84 + 7 = ☐
   62 + 9 = ☐
   76 + 8 = ☐

* Plusaufgaben mit dem eigenen Rechenweg verbinden
* den eigenen Rechenweg finden und notieren
* Plusaufgaben mit dem eigenen Rechenweg im Kopf rechnen

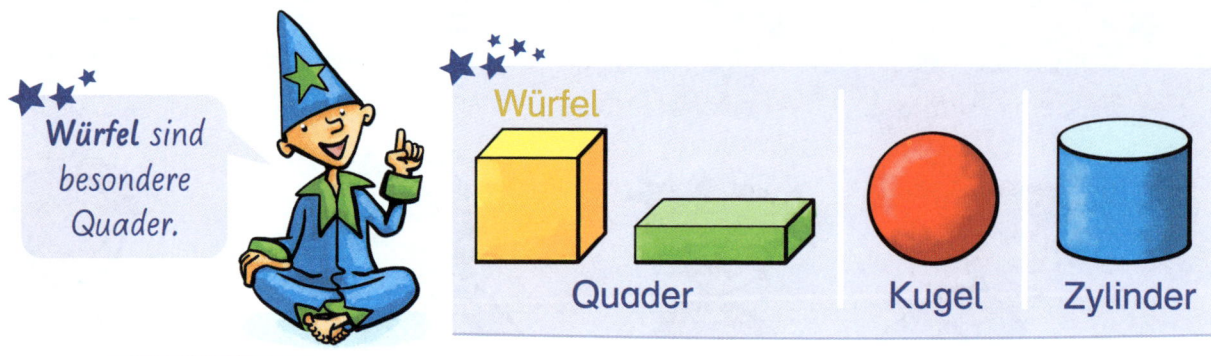

Würfel sind besondere Quader.

Würfel · Quader · Kugel · Zylinder

1 Verbinde passend.

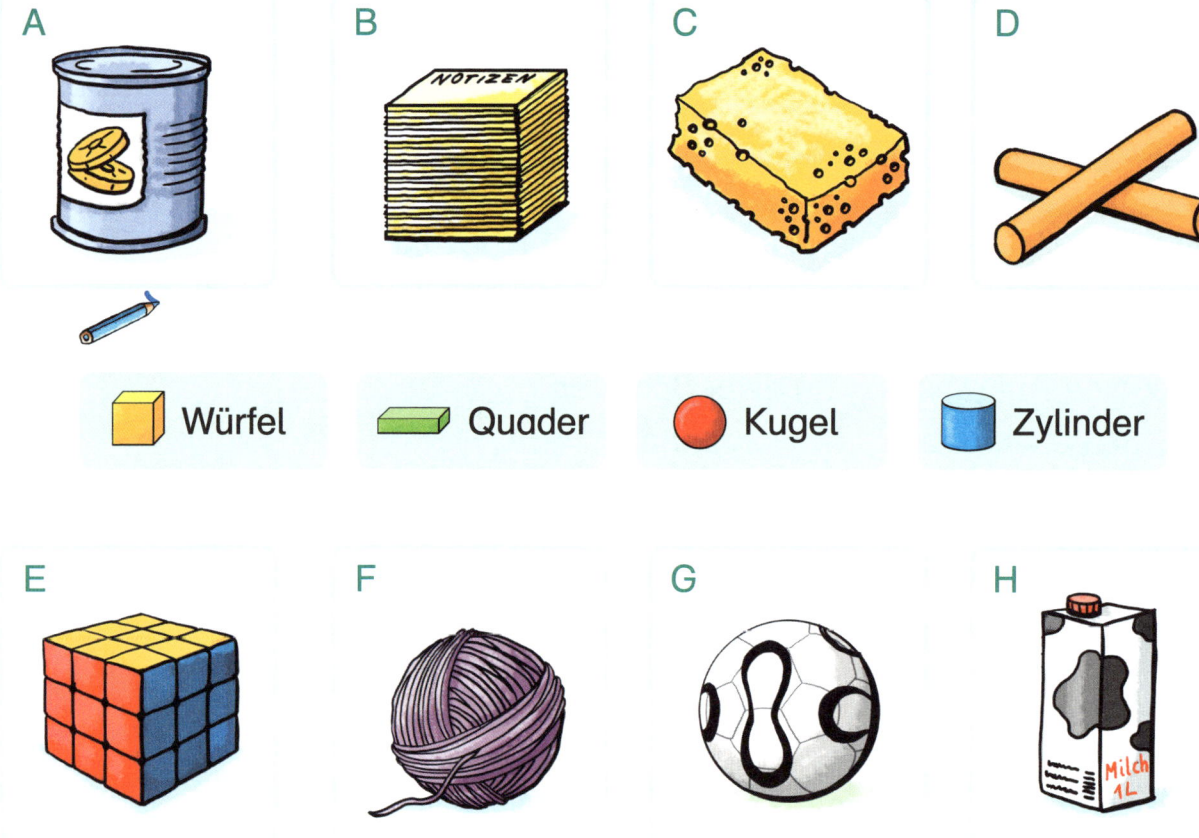

A B C D

Würfel · Quader · Kugel · Zylinder

E F G H

2 Suche in deiner Umgebung Dinge, die die Form von Quadern, Würfeln, Kugeln und Zylindern haben. Bringe sie mit, schreibe sie auf, zeichne oder fotografiere sie. Ordne ihnen die passende Form zu.

3 Sortiert die mitgebrachten Gegenstände. Welche kann man kippen, welche rollen?

4 Gestaltet eine Ausstellung mit euren Gegenständen. Überlegt, wie ihr sie anordnen wollt.

★ Alltagsgegenstände geometrischen Körpern zuordnen ★ MK: für eine Ausstellung reale, fotografierte, gezeichnete oder ausgeschnittene Abbildungen von Alltagsgegenständen zusammentragen ★ Gegenstände nach ihrer Form oder Eigenschaft ordnen

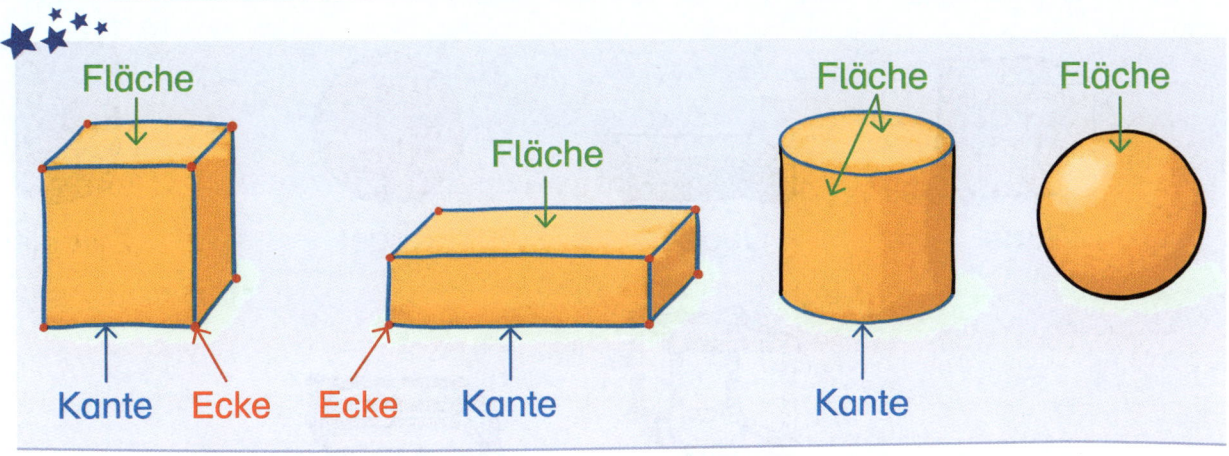

Fläche · Fläche · Fläche · Fläche

Kante · Ecke · Ecke · Kante · Kante

1 Verbinde die Körper passend mit ihren Eigenschaften.

Würfel	Quader	Zylinder	Kugel

Der Körper hat
- 6 Flächen
- 8 Ecken
- 12 Kanten.

Immer 2 Flächen sind gleich groß.

Der Körper hat
- 6 Flächen
- 8 Ecken
- 12 Kanten.

Alle Flächen sind Quadrate.

Der Körper hat
- 1 Fläche
- 0 Ecken
- 0 Kanten.

Der Körper hat
- 3 Flächen
- 0 Ecken
- 2 Kanten.

2 Löse die Rätsel.

Der Körper hat keine Ecke und keine Kante.

Max

Der Körper kann rollen. Er hat 3 Flächen.

Lisa

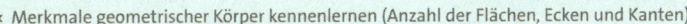

★ Merkmale geometrischer Körper kennenlernen (Anzahl der Flächen, Ecken und Kanten)
★ geometrische Körper in Rätseln erkennen

ÜH 19   **29**

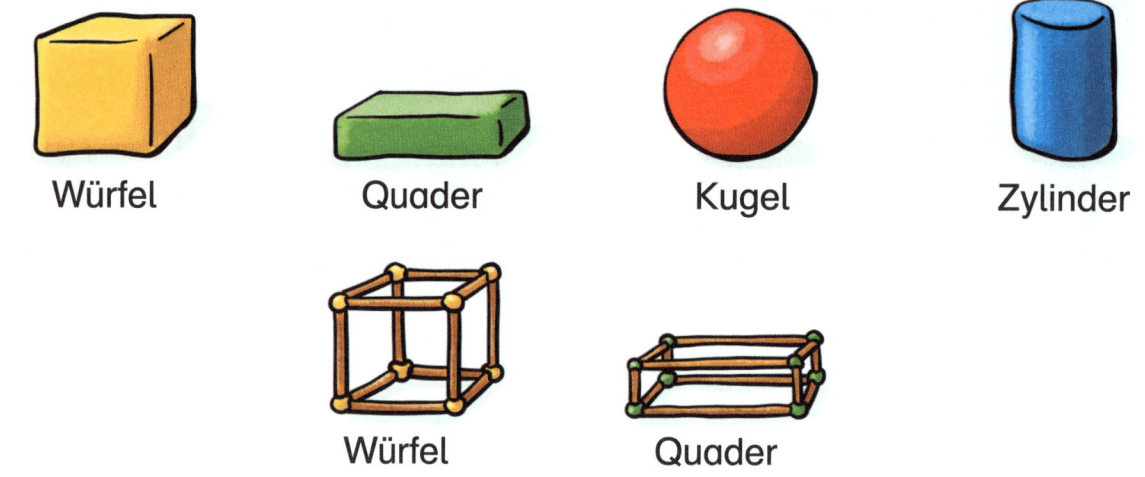

| Würfel | Quader | Kugel | Zylinder |

| Würfel | Quader |

---

1 Aus Knete und Holzstäbchen kannst du Körper bauen.

a Forme einen Körper aus Knete.

b Baue einen Körper aus Knete und Holzstäbchen.

2 Immer zwei Teile ergeben zusammen einen geometrischen Körper. Verbinde.

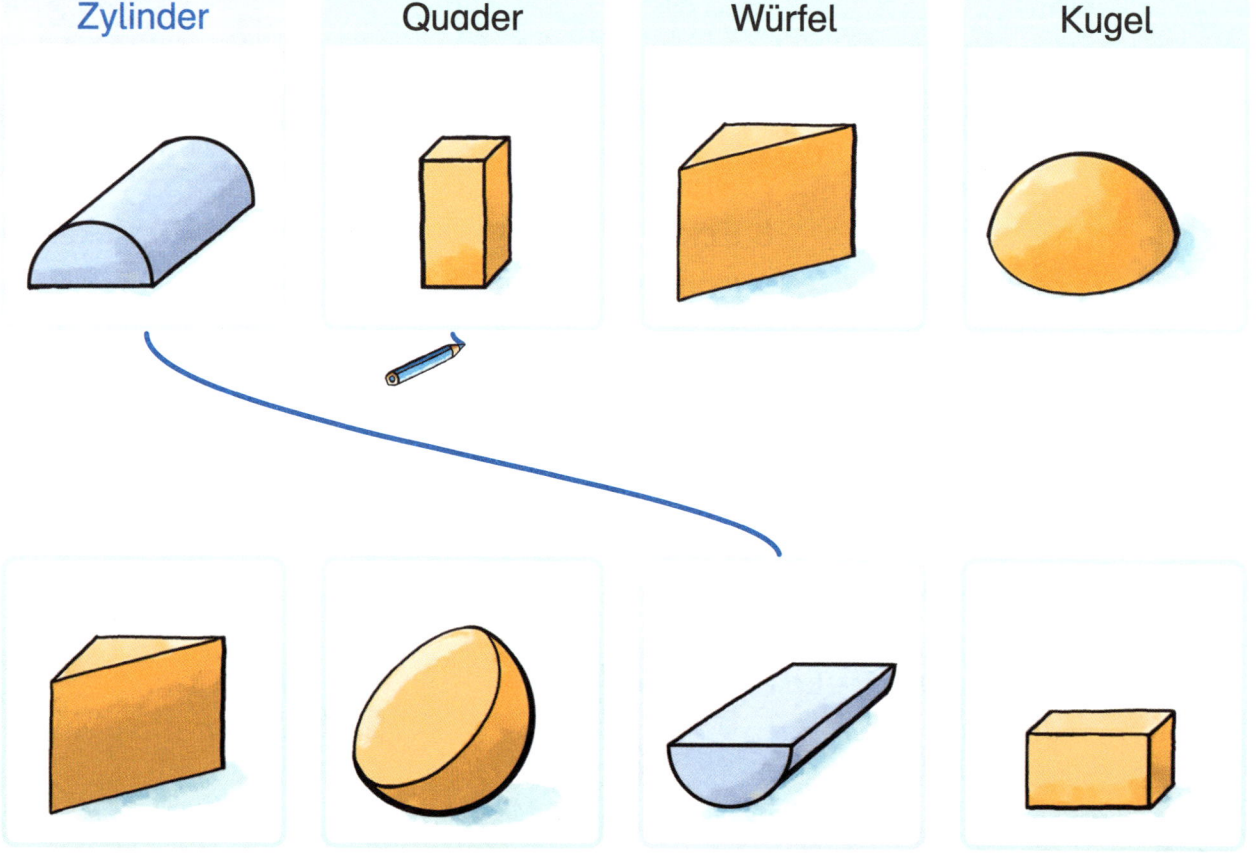

| Zylinder | Quader | Würfel | Kugel |

★ Körper aus Knete formen oder aus Knete und Holzstäbchen bauen
★ abgebildete Körperteile zu vollständigen Körpern zusammenfügen

| von vorn | von hinten | von links | von rechts |

1 Baue nach. Ordne die Ansichten zu.

a)

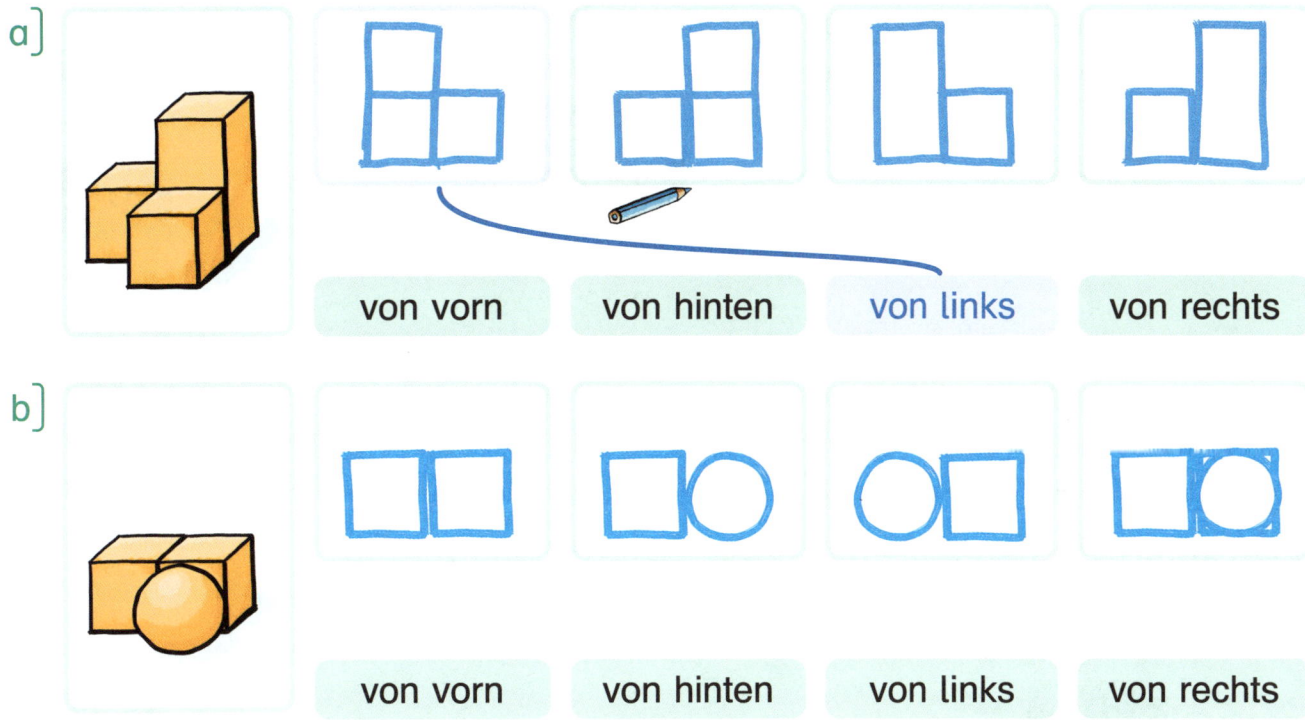

| von vorn | von hinten | von links | von rechts |

b)

| von vorn | von hinten | von links | von rechts |

2 Baue nach. Zeichne die Ansichten.

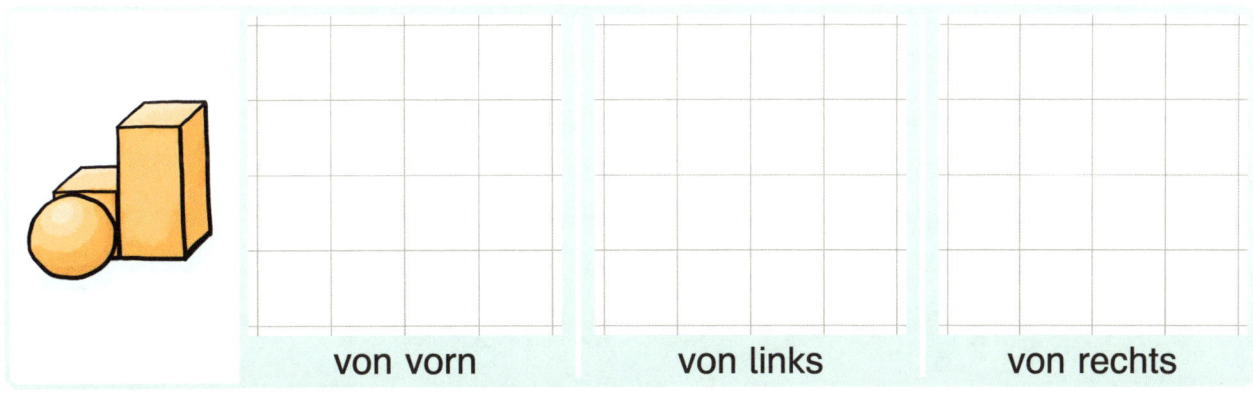

| von vorn | von links | von rechts |

* verschiedene Ansichten passend zuordnen
* verschiedene Ansichten eines Bauwerks aus geometrischen Körpern zeichnen

1 Baue mit Steckwürfeln nach.
Bestimme die Anzahl der Einzelwürfel.

a)

8

b)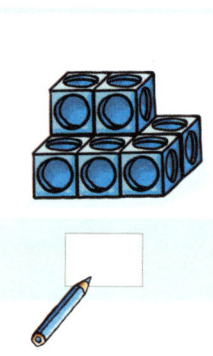

c)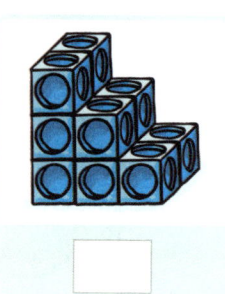

2 Baue mit Steckwürfeln nach.
Benutze die Baupläne als Hilfe.

a)

2	1
1	1

b)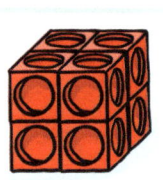

2	2
2	2

c)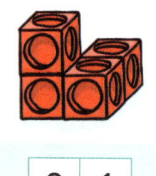

0	1
2	1

3 Ordne jedem Bauwerk den passenden Bauplan zu.
Baue dann die Bauwerke nach.

A

B

C

1
3	3	3
2	2	2
2	2	2

2
3	3	1
1	1	1
1	1	1

3
2	2	1
2	2	1
1	1	1

✶ Anzahl der bei Würfelbauten verwendeten Steckwürfel ermitteln
✶ mit Steckwürfeln Bauwerke unter Verwendung der Baupläne nachbauen
✶ Bauwerke und Baupläne zuordnen

1 Ordne jedem Bauwerk den passenden Bauplan zu.

a) A   B   C

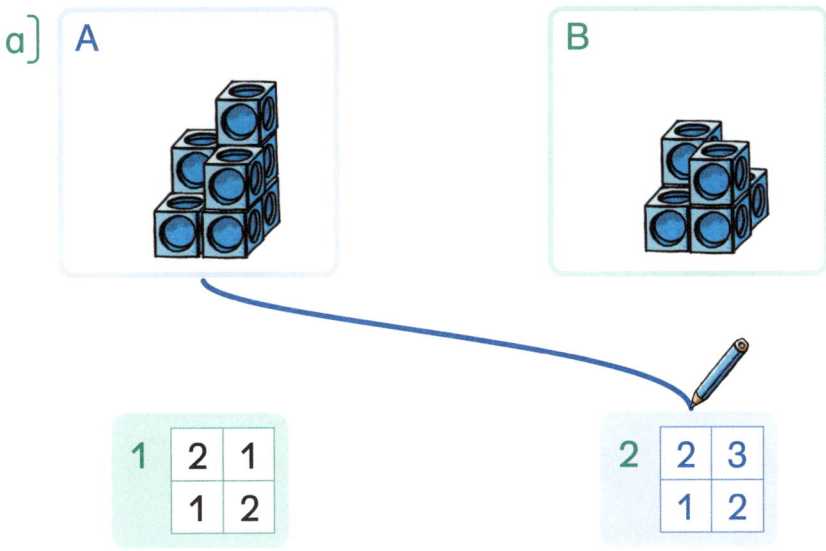
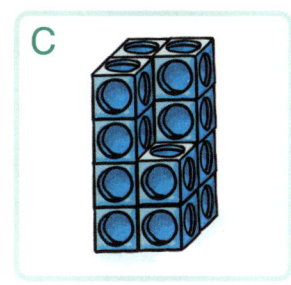

1				2				3		
	2	1			2	3			4	4
	1	2			1	2			4	2

b) A   B   C

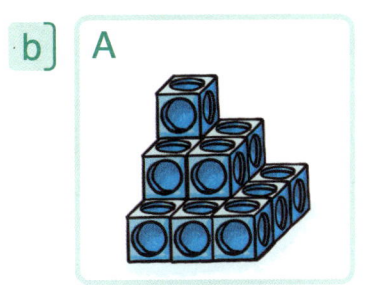
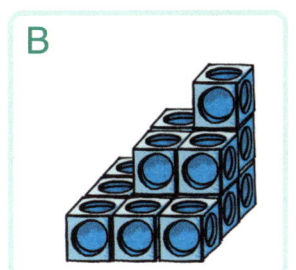
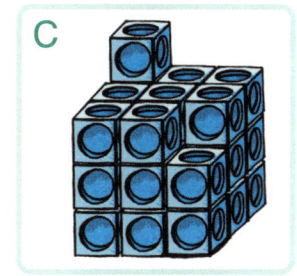

1					2					3			
	4	3	3			1	2	3			3	2	1
	3	3	3			1	2	2			2	2	1
	3	3	2			1	1	1			1	1	1

2 Ermittle die Anzahl der Einzelwürfel.

A   B   C

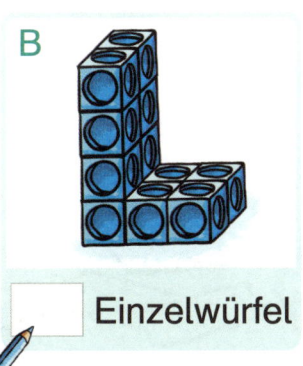
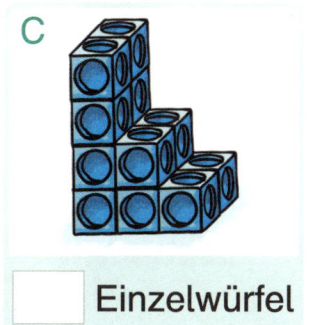

_8_ Einzelwürfel   ___ Einzelwürfel   ___ Einzelwürfel

★ Bauwerke und Baupläne zuordnen
★ Anzahl der bei Würfelbauten verwendeten Steckwürfel ermitteln

1 Zeichne die Rechenbilder fertig. Löse die Aufgaben.

a)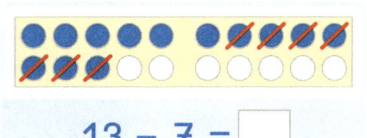

$$13 - 7 = \square$$

b)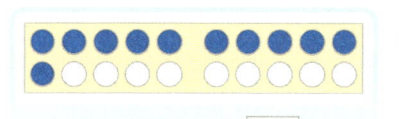

$$11 - 5 = \square$$

c)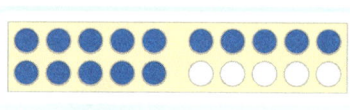

$$15 - 8 = \square$$

2 Löse die Aufgaben.

a) $12 - 4 = 8$

$13 - 6 = \square$

$16 - 7 = \square$

b) $11 - 4 = \square$

$14 - 9 = \square$

$13 - 9 = \square$

c) $12 - 6 = \square$

$14 - 8 = \square$

$16 - 8 = \square$

d) $13 - 4 = \square$

$14 - 6 = \square$

$12 - 9 = \square$

Das kannst du schon.

3 Fülle die Rechentabellen aus.

a)

−	3	5	7
11			
13			

b)

−	7	9	8
16			
14			

4 Übe mit einem anderen Kind zusammen die Minusaufgaben bis 20.

15 minus 7   8

★ Minusaufgaben mit Zehnerüberschreitung im Zahlenraum bis 20 lösen
★ Minusaufgaben in Tabellen lösen

1 Suche dir ein anderes Kind.
Legt die Aufgaben mit Zehner-
streifen und Wendeplättchen.
Zeichnet Rechenbilder.

$32 - 5 = 27$

32 – 5

24 – 7

44 – 8

2 Schreibe zu jedem Rechenbild die Minusaufgabe.

a)

$43 - 6 = 37$

b)

☐ – ☐ = ☐

c)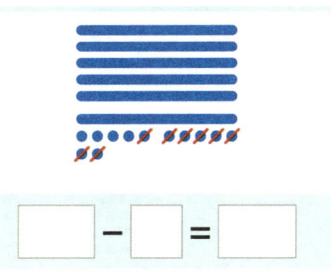

☐ – ☐ = ☐

d)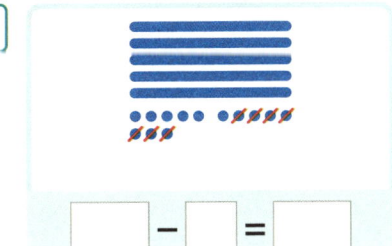

☐ – ☐ = ☐

e)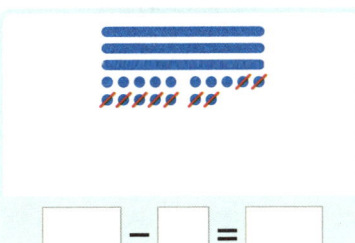

☐ – ☐ = ☐

f)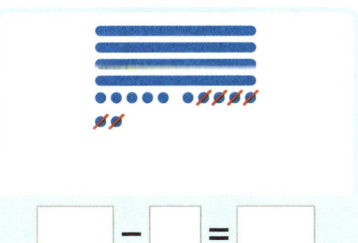

☐ – ☐ = ☐

3 Zeichne Rechenbilder.
Beachte dabei die Lücke nach fünf Zehnern oder Einern.

a)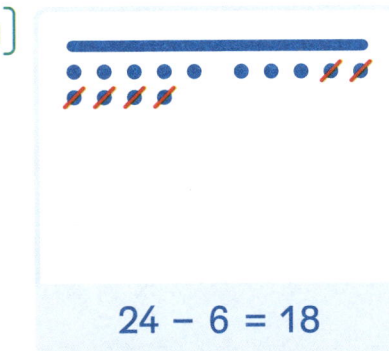

$24 - 6 = 18$

b)

$46 - 8 = 38$

c)

$61 - 9 = 52$

★ Minusaufgaben mit Zehnerstreifen und Plättchen legen, passende Rechenbilder zeichnen
★ Rechenbilder in Minusaufgaben übertragen
★ Rechenbilder zu Minusaufgaben zeichnen

B 35

1 Schreibe zu den Punktebildern verwandte Aufgabenpaare.

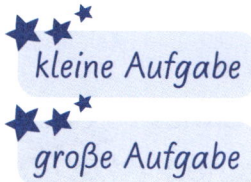

a)

$13 - 5 = 8$

$53 - 5 = 48$

b)

$\square - \square = \square$

$\square - \square = \square$

c)

$\square - \square = \square$

$\square - \square = \square$

d)

$\square - \square = \square$

$\square - \square = \square$

e)

$\square - \square = \square$

$\square - \square = \square$

f)

$\square - \square = \square$

$\square - \square = \square$

2 Schreibe zu den Punktebildern verwandte Aufgaben.

a)

$13 - 7 = 6$

$\square - \square = \square$

$\square - \square = \square$

b)

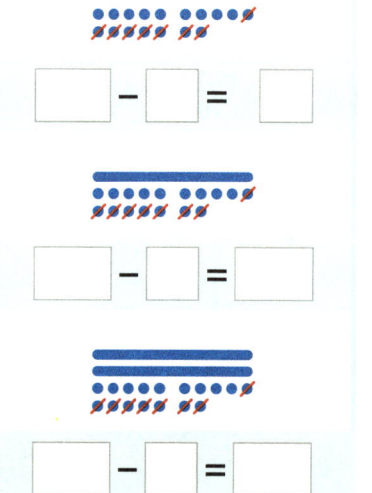

$\square - \square = \square$

$\square - \square = \square$

$\square - \square = \square$

c)

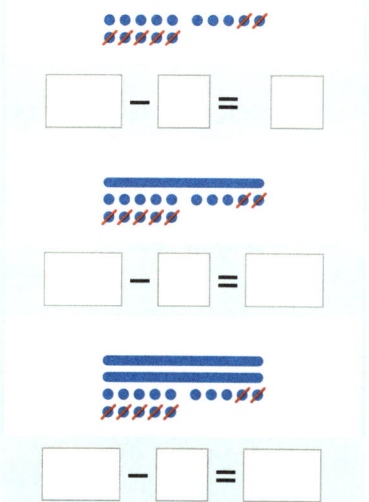

$\square - \square = \square$

$\square - \square = \square$

$\square - \square = \square$

★ zu vorgegebenen Rechenbildern Analogieaufgaben lösen
★ MK: Strukturen erkennen und nutzen

Ich rechne zuerst die **kleine Aufgabe.**

kleine Aufgabe: 15 − 8 = 7
große Aufgabe: 65 − 8 = 57

1 Löse die verwandten Aufgaben.

a)
16 − 7 = ☐
26 − 7 = ☐
46 − 7 = ☐

b)
12 − 5 = ☐
32 − 5 = ☐
92 − 5 = ☐

c)
18 − 9 = ☐
48 − 9 = ☐
68 − 9 = ☐

2 Löse die verwandten Aufgaben und ergänze eigene.

a)
11 − 3 = ☐
31 − 3 = ☐
☐ − ☐ = ☐

b)
15 − 7 = ☐
25 − 7 = ☐
☐ − ☐ = ☐

c)
14 − 8 = ☐
44 − 8 = ☐
☐ − ☐ = ☐

3 Finde und löse zuerst die kleine Aufgabe.
Löse dann die Aufgabe.

a)
13 − 6 = 7
83 − 6 = 77

b)
☐ − ☐ = ☐
21 − 4 = ☐

c)
☐ − ☐ = ☐
35 − 7 = ☐

d)
☐ − ☐ = ☐
52 − 5 = ☐

e)
☐ − ☐ = ☐
53 − 8 = ☐

f)
☐ − ☐ = ☐
64 − 8 = ☐

g)
☐ − ☐ = ☐
45 − 7 = ☐

h)
☐ − ☐ = ☐
82 − 3 = ☐

i)
☐ − ☐ = ☐
74 − 6 = ☐

$$33 - 5 = 28$$
$$33 - 3 = 30$$
$$30 - 2 = 28$$

Rechne zuerst bis zum nächsten Zehner und dann weiter.

1 Lies die Rechenschritte am Rechenstrich ab.
Schreibe sie auf.

a)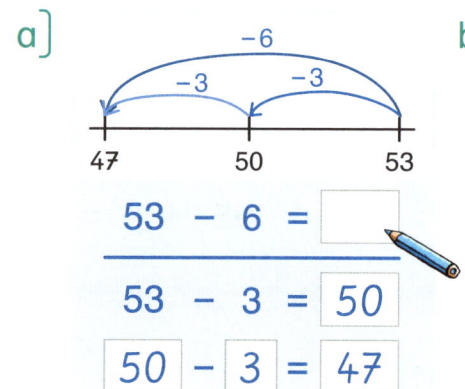

$$53 - 6 = \boxed{}$$
$$53 - 3 = \boxed{50}$$
$$\boxed{50} - \boxed{3} = \boxed{47}$$

b)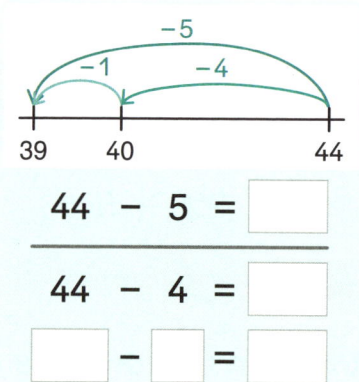

$$44 - 5 = \boxed{}$$
$$44 - 4 = \boxed{}$$
$$\boxed{} - \boxed{} = \boxed{}$$

c)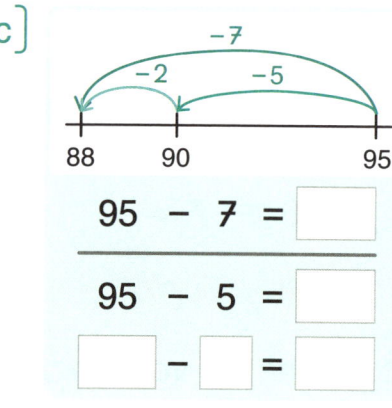

$$95 - 7 = \boxed{}$$
$$95 - 5 = \boxed{}$$
$$\boxed{} - \boxed{} = \boxed{}$$

2 Lies die Aufgabe und die Rechenschritte am Rechenstrich ab.
Schreibe sie auf.

a)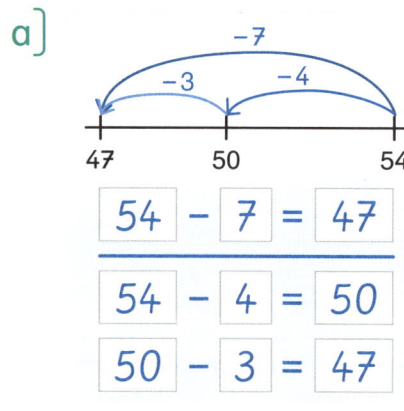

$$54 - 7 = \boxed{47}$$
$$54 - \boxed{4} = \boxed{50}$$
$$\boxed{50} - \boxed{3} = \boxed{47}$$

b)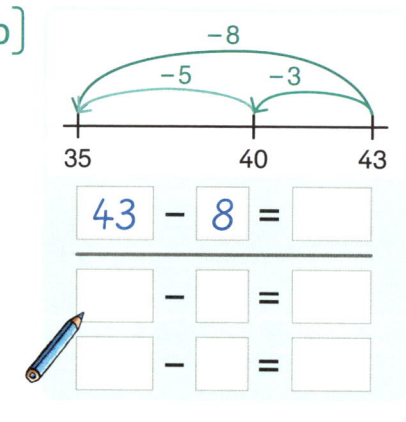

$$43 - 8 = \boxed{}$$
$$\boxed{} - \boxed{} = \boxed{}$$
$$\boxed{} - \boxed{} = \boxed{}$$

c)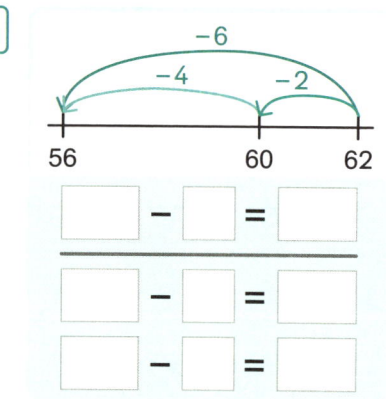

$$\boxed{} - \boxed{} = \boxed{}$$
$$\boxed{} - \boxed{} = \boxed{}$$
$$\boxed{} - \boxed{} = \boxed{}$$

3 Finde die beiden Rechenschritte. Löse die Aufgaben.

a) $23 - 7 = \boxed{}$

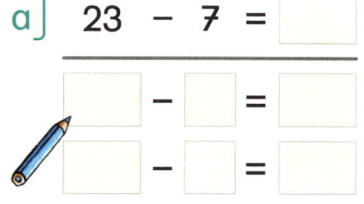

$$\boxed{} - \boxed{} = \boxed{}$$
$$\boxed{} - \boxed{} = \boxed{}$$

b) $81 - 5 = \boxed{}$

$$\boxed{} - \boxed{} = \boxed{}$$
$$\boxed{} - \boxed{} = \boxed{}$$

c) $36 - 8 = \boxed{}$

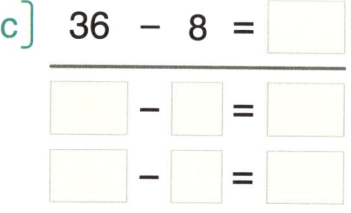

$$\boxed{} - \boxed{} = \boxed{}$$
$$\boxed{} - \boxed{} = \boxed{}$$

★ Rechenschritte am Rechenstrich ablesen
★ Minusaufgaben mit Zehnerüberschreitung in zwei Schritten lösen
★ die beiden Rechenschritte notieren

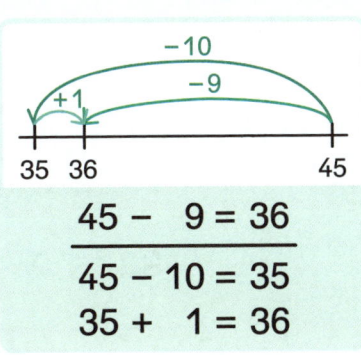

$$45 - 9 = 36$$
$$45 - 10 = 35$$
$$35 + 1 = 36$$

Ich rechne zuerst
−10 und dann +1.

1 Lies die Rechenschritte am Rechenstrich ab.
Schreibe sie auf.

a)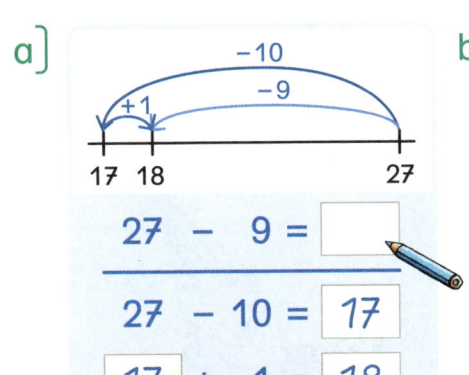

$27 - 9 = \boxed{}$

$27 - 10 = \boxed{17}$

$\boxed{17} + 1 = \boxed{18}$

b)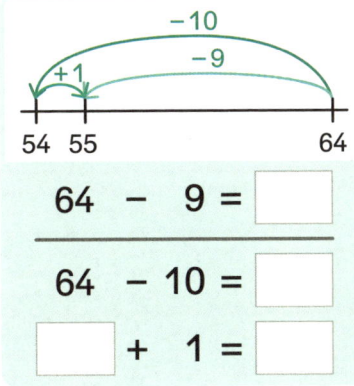

$64 - 9 = \boxed{}$

$64 - 10 = \boxed{}$

$\boxed{} + 1 = \boxed{}$

c)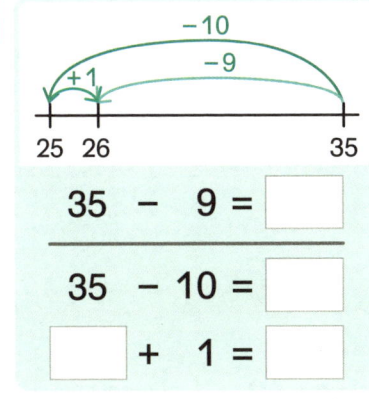

$35 - 9 = \boxed{}$

$35 - 10 = \boxed{}$

$\boxed{} + 1 = \boxed{}$

2 Lies die Aufgabe und die Rechenschritte am Rechenstrich ab.
Schreibe sie auf.

a)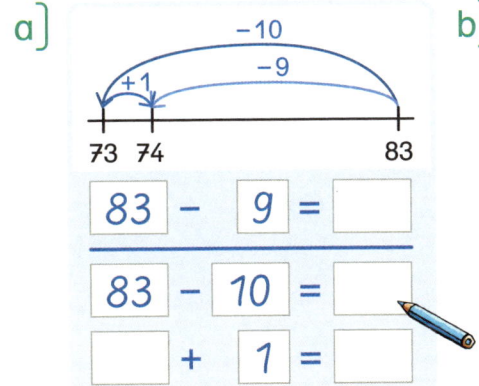

$\boxed{83} - \boxed{9} = \boxed{}$

$\boxed{83} - \boxed{10} = \boxed{}$

$\boxed{} + \boxed{1} = \boxed{}$

b)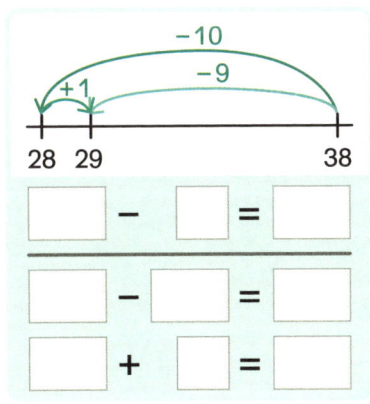

$\boxed{} - \boxed{} = \boxed{}$

$\boxed{} - \boxed{} = \boxed{}$

$\boxed{} + \boxed{} = \boxed{}$

c)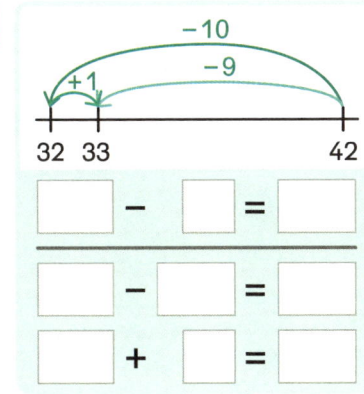

$\boxed{} - \boxed{} = \boxed{}$

$\boxed{} - \boxed{} = \boxed{}$

$\boxed{} + \boxed{} = \boxed{}$

3 Finde die beiden Rechenschritte. Löse die Aufgaben.

a) $26 - 9 = \boxed{}$

$\boxed{} \bigcirc \boxed{} = \boxed{}$

$\boxed{} \bigcirc \boxed{} = \boxed{}$

b) $91 - 9 = \boxed{}$

$\boxed{} \bigcirc \boxed{} = \boxed{}$

$\boxed{} \bigcirc \boxed{} = \boxed{}$

c) $54 - 9 = \boxed{}$

$\boxed{} \bigcirc \boxed{} = \boxed{}$

$\boxed{} \bigcirc \boxed{} = \boxed{}$

1 Finde und löse zuerst die kleine Aufgabe.
Löse dann die Aufgabe.

a) 16 − 9 = 7
56 − 9 = 47

b) ☐ − ☐ = ☐
23 − 5 = ☐

c) ☐ − ☐ = ☐
92 − 7 = ☐

d) ☐ − ☐ = ☐
74 − 8 = ☐

e) ☐ − ☐ = ☐
61 − 6 = ☐

f) ☐ − ☐ = ☐
35 − 9 = ☐

2 Finde die beiden Rechenschritte.
Löse die Aufgaben.

Zuerst bis zum nächsten Zehner und dann weiter.

a) 42 − 6 = ☐
42 − 2 = 40
40 − 4 = ☐

b) 84 − 5 = ☐
☐ − ☐ = ☐
☐ − ☐ = ☐

c) 76 − 8 = ☐
☐ − ☐ = ☐
☐ − ☐ = ☐

d) 25 − 7 = ☐
☐ − ☐ = ☐
☐ − ☐ = ☐

3 Löse die Minus-9-Aufgaben.
Finde die beiden Rechenschritte.

a) 95 − 9 = ☐
95 − 10 = 85
85 + 1 = ☐

b) 37 − 9 = ☐
☐ ◯ ☐ = ☐
☐ ◯ ☐ = ☐

c) 62 − 9 = ☐
☐ ◯ ☐ = ☐
☐ ◯ ☐ = ☐

4 Löse die Aufgaben auf deinem Weg.

a) 32 − 6 = ☐
☐ ◯ ☐ = ☐
☐ ◯ ☐ = ☐

b) 45 − 9 = ☐
☐ ◯ ☐ = ☐
☐ ◯ ☐ = ☐

Wie rechnest du?

★ Minusaufgaben mit verschiedenen vorgegebenen Strategien lösen
★ Minusaufgaben mit dem eigenen Weg lösen

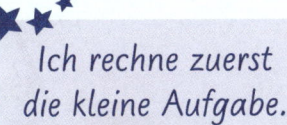

Ich rechne zuerst die kleine Aufgabe.

Ich rechne in zwei Schritten.

Ich rechne zuerst −10.

12 − 6 = 6
82 − 6 = 76

73 − 7 = 66
73 − 3 = 70
70 − 4 = 66

35 − 9 = 26
35 − 10 = 25
25 + 1 = 26

1 Wie rechnest du die Aufgaben?
Verbinde die Aufgaben mit deinem Rechenweg.

83 − 8   24 − 7   54 − 6

kleine Aufgabe – große Aufgabe   in zwei Schritten rechnen   zuerst − 10

67 − 9   46 − 8   72 − 9

2 Rechne im Heft.
Finde jeweils einen passenden Rechenweg. Schreibe ihn auf.

a) 65 − 7 = ▢
72 − 9 = ▢
93 − 4 = ▢

b) 41 − 5 = ▢
38 − 9 = ▢
64 − 6 = ▢

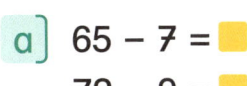

Seite 41 Aufgabe 2
a) ...

3 Löse die Aufgaben.
Rechne deinen Rechenweg im Kopf.

a) 31 − 4 = 27
75 − 6 = ▢
52 − 9 = ▢

b) 84 − 9 = ▢
43 − 8 = ▢
85 − 6 = ▢

c) 94 − 7 = ▢
62 − 3 = ▢
76 − 8 = ▢

★ Minusaufgaben mit dem eigenen Rechenweg verbinden
★ den eigenen Rechenweg finden und notieren
★ Minusaufgaben mit dem eigenen Rechenweg im Kopf rechnen

 D 30

 ÜH 22   AH 28

41

> Die ersten Uhren waren Sonnen-, Wasser-
> und Sanduhren. Weil sie sehr ungenau waren,
> entwickelten die Menschen Räderuhren.
> Heute gibt es viele verschiedene Uhren.

1 Mit diesen Uhren kannst du die Uhrzeit bestimmen.
Ordne die Namen zu und verbinde.

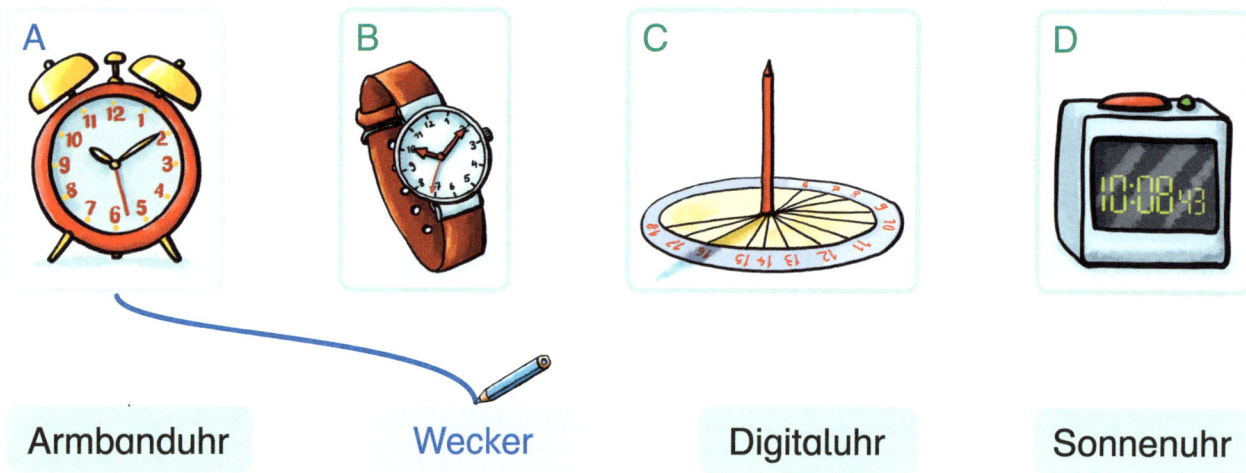

A   B   C   D

Armbanduhr   Wecker   Digitaluhr   Sonnenuhr

2 Mit diesen Uhren kannst du feststellen, wie lange etwas dauert.
Ordne die Namen zu und verbinde.

A   B   C

Sanduhr   Stoppuhr   Kurzzeitmesser

3 Überlege und besprich mit einem anderen Kind, wo du solche oder andere
Uhren schon einmal gesehen hast und wozu man sie braucht.

★ SF: verschiedene Uhren kennenlernen und benennen
★ SF: Eigenschaften und Verwendung verschiedener Uhren beschreiben

**Der kleine Zeiger ist der Stundenzeiger. Er braucht
1 Stunde, um von einer Zahl zur nächsten zu wandern.**

Von Mitternacht bis Mittag
braucht er 12 Stunden und
von Mittag bis Mitternacht
wieder 12 Stunden.
Der Stundenzeiger
wandert an einem Tag
zweimal im Kreis.
Eine Zeigerstellung kann
deshalb zwei Uhrzeiten angeben.

1 Tag hat
24 Stunden.

1 Lies die Uhrzeit ab.

a) Schreibe die
Vormittagszeit
auf.

10 Uhr
22 Uhr

21 Uhr

17 Uhr

b) Schreibe die
Nachmittagszeit
auf.

7 Uhr

6 Uhr

3 Uhr

c) Schreibe beide
Uhrzeiten auf.

★ nachvollziehen, dass eine Zeigerstellung tageszeitabhängig zwei unterschiedliche
Uhrzeiten anzeigt
★ Uhrzeiten in vollen Stunden in beiden Tageshälften ablesen und notieren

Der große Zeiger ist der Minutenzeiger. Er zeigt an, wie viele Minuten seit der letzten vollen Stunde vergangen sind.

Für ihn gelten die Minutenstriche auf der Uhr. Wenn der Minutenzeiger einmal ganz im Kreis herumgewandert ist, sind 60 Minuten vergangen. Das ist genau 1 Stunde.

1 Stunde = 60 Minuten
1 h = 60 min

1 Schreibe auf, wie viele Minuten seit 1:00 Uhr vergangen sind.

a] __10__ Minuten

b] ☐ Minuten

c] ☐ Minuten

d] ☐ Minuten

2 Lies die Uhrzeit in Stunden und Minuten ab.

a] __20__ Minuten nach 1 Uhr

__1:20 Uhr__

Der **Doppelpunkt** trennt Stunde und Minute.

b] ☐ Minuten nach 1 Uhr

c] ☐ Minuten nach 1 Uhr

d] ☐ Minuten nach 1 Uhr

★ den Minutenzeiger kennenlernen und das Zusammenspiel zwischen Stunden- und Minutenzeiger verstehen ★ nach einer vollen Stunde vergangene Minuten ablesen ★ Uhrzeiten in Stunden und Minuten angeben

3 Lies die Uhrzeit ab.

a Schreibe die Vormittagszeit auf.

1:30 Uhr
13:30 Uhr

15:10 Uhr

17:30 Uhr

Denke an die Null, wenn es weniger als 10 Minuten sind.

b Schreibe die Nachmittagszeit auf.

8:15 Uhr

9:45 Uhr

1:05 Uhr

1:05
13:05

★★✦✧
Bei **digitalen Uhren** kann man für alle 24 Stunden die Stundenangabe direkt ablesen. Auch die Stunde wird immer mit zwei Ziffern angezeigt. Uhrzeiten vor 10 Uhr vormittags beginnen mit einer Null.

4 Ordne passend zu.

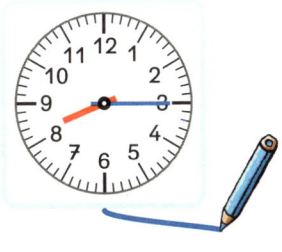

14:20

19:40

08:15

★ Uhrzeiten in Stunden und Minuten ablesen und notieren
★ Uhrzeiten an einer Digitaluhr ablesen und den Unterschied zur Zeigeruhr kennenlernen
★ Uhrzeiten auf Zeiger- und Digitaluhren zuordnen

eine **Viertelstunde** (15 Minuten)	eine **halbe Stunde** (30 Minuten)	eine **Dreiviertelstunde** (45 Minuten)
7:15 Uhr Viertel nach 7 viertel 8	7:30 Uhr halb 8	7:45 Uhr Viertel vor 8 drei viertel 8

Man kann es unterschiedlich sagen.

 1 Suche dir ein anderes Kind. Stellt verschiedene Uhrzeiten mit 15 Minuten, 30 Minuten, 45 Minuten ein. Lest die Uhrzeiten ab. Sagt es unterschiedlich.

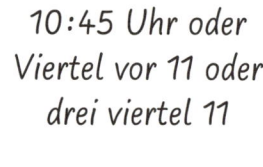
10:45 Uhr oder Viertel vor 11 oder drei viertel 11

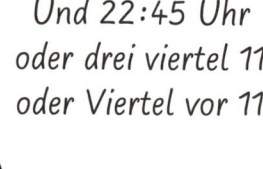
Und 22:45 Uhr oder drei viertel 11 oder Viertel vor 11

2 Lies die Uhrzeiten ab. Schreibe sie auf unterschiedliche Arten auf.

a)  *6:15 Uhr, 18:15 Uhr Viertel nach 6 viertel 7*

b)

c)

d)

★ Viertelstunde, halbe Stunde und Dreiviertelstunde als alternative Minutenangaben kennenlernen ★ **SF:** Uhrzeiten ablesen und auf unterschiedliche Weise benennen

1 Ordne jeder Zeigerstellung zwei Uhrzeiten zu.

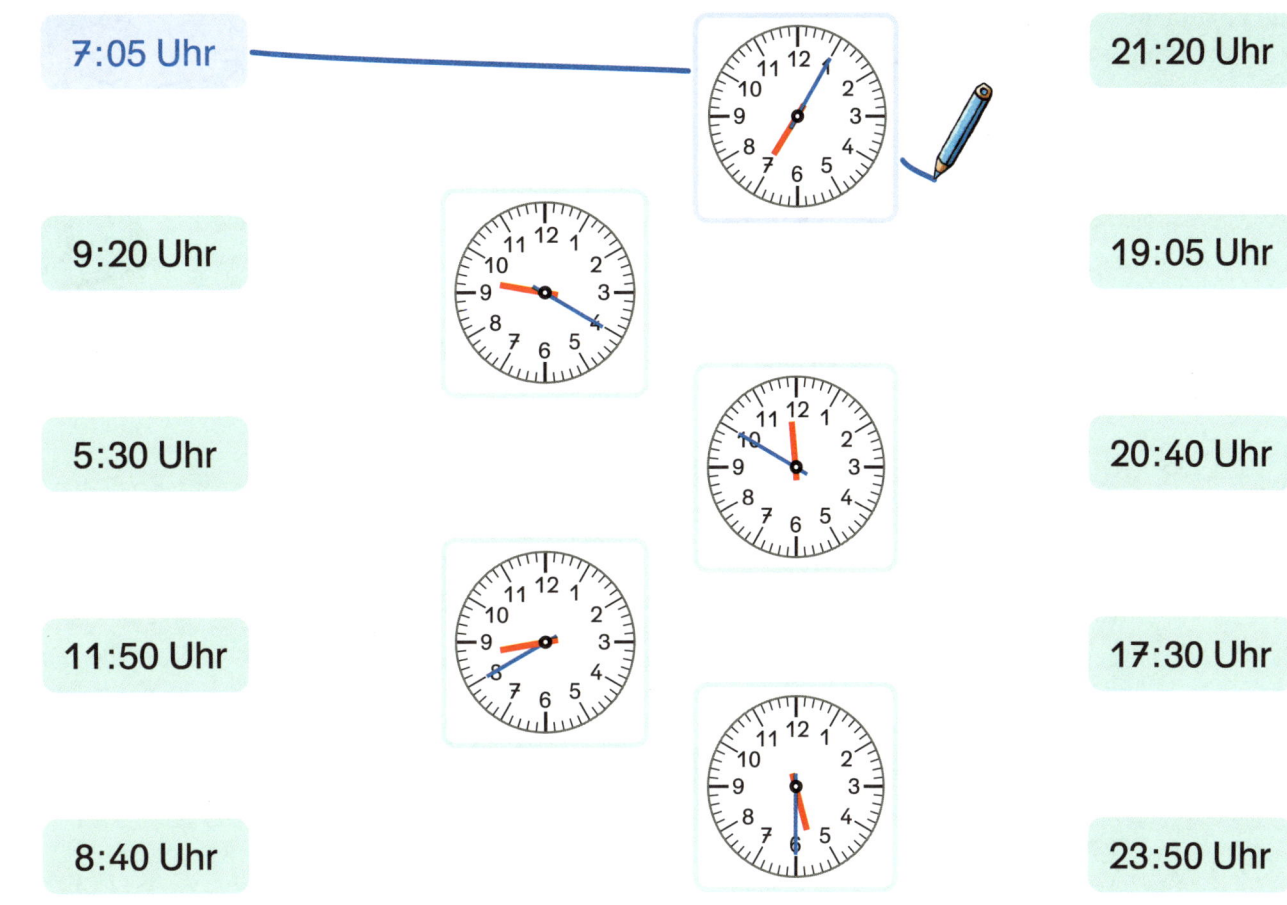

7:05 Uhr

9:20 Uhr

5:30 Uhr

11:50 Uhr

8:40 Uhr

21:20 Uhr

19:05 Uhr

20:40 Uhr

17:30 Uhr

23:50 Uhr

2 Ordne jeder Zeigerstellung die passenden Angaben zu.

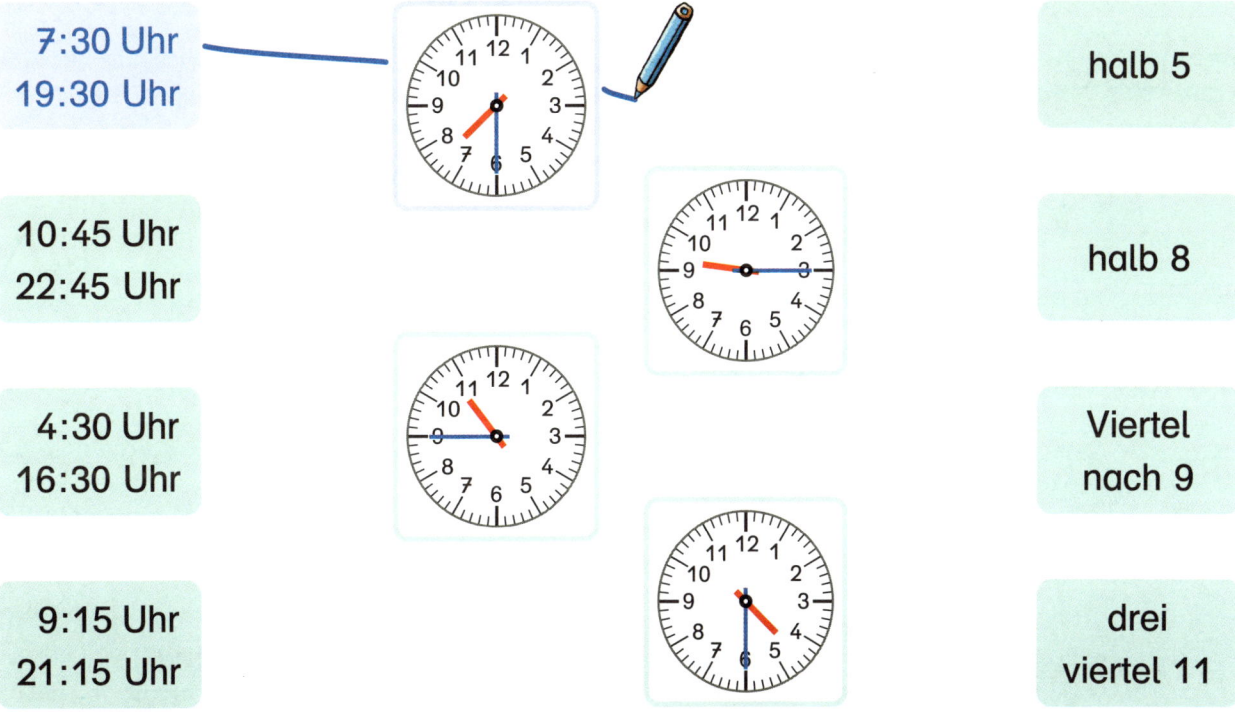

7:30 Uhr
19:30 Uhr

10:45 Uhr
22:45 Uhr

4:30 Uhr
16:30 Uhr

9:15 Uhr
21:15 Uhr

halb 5

halb 8

Viertel
nach 9

drei
viertel 11

★ Uhrzeitangaben der passenden Zeigerstellung zuordnen
★ SF: Uhrzeiten ablesen und auf unterschiedliche Weise benennen

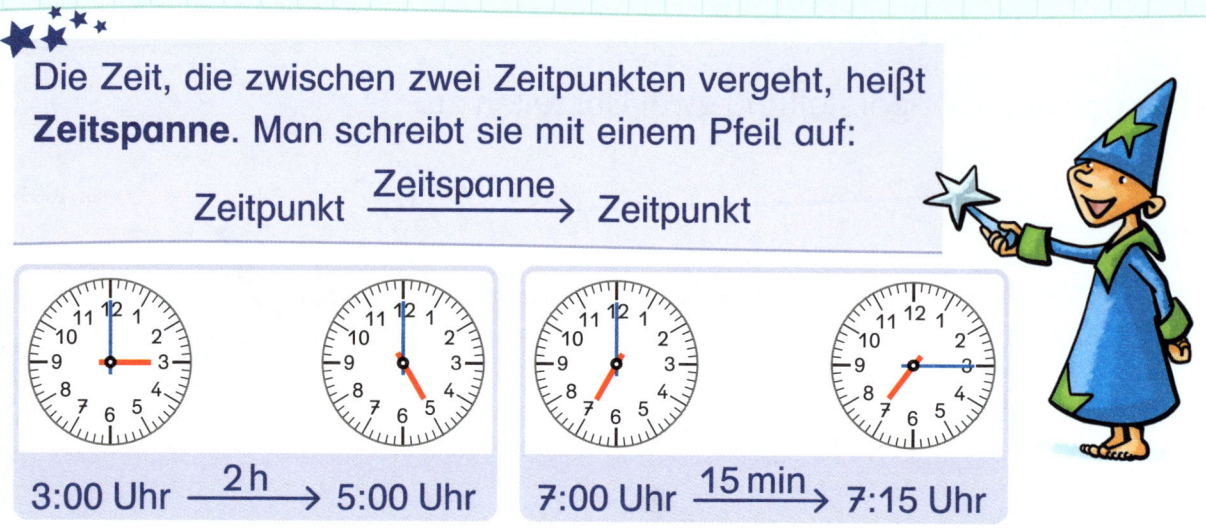

Die Zeit, die zwischen zwei Zeitpunkten vergeht, heißt **Zeitspanne**. Man schreibt sie mit einem Pfeil auf:

Zeitpunkt $\xrightarrow{\text{Zeitspanne}}$ Zeitpunkt

3:00 Uhr $\xrightarrow{\text{2 h}}$ 5:00 Uhr

7:00 Uhr $\xrightarrow{\text{15 min}}$ 7:15 Uhr

1 Lies ab, wie viele Stunden (h) vergangen sind.

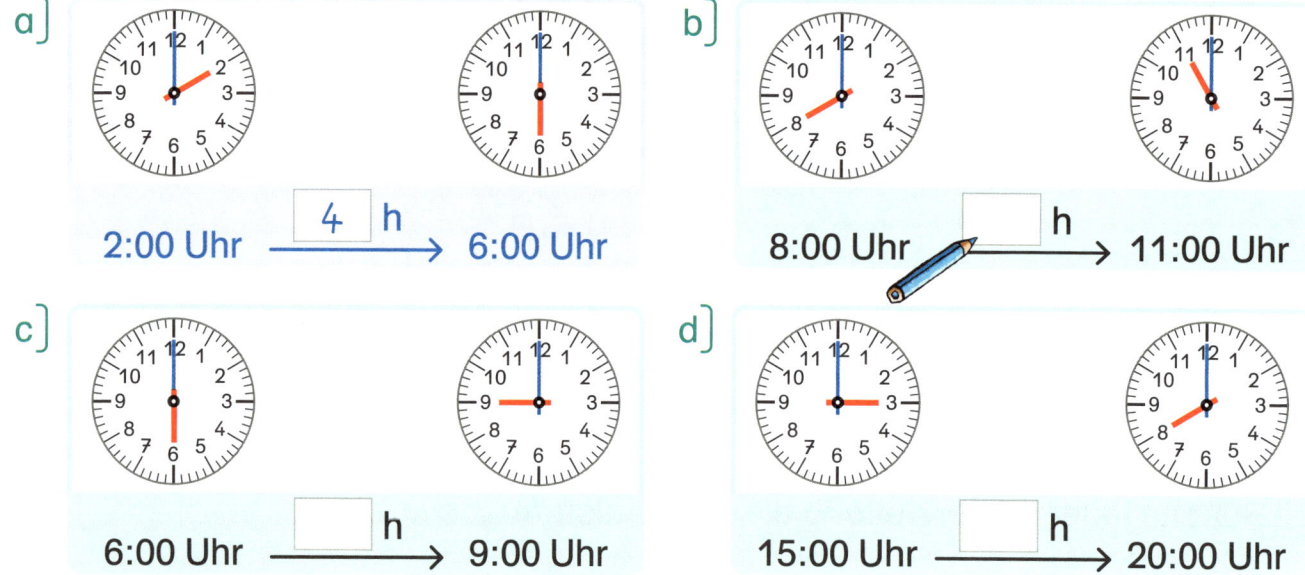

a) 2:00 Uhr $\xrightarrow{\boxed{4}\ \text{h}}$ 6:00 Uhr

b) 8:00 Uhr $\xrightarrow{\boxed{}\ \text{h}}$ 11:00 Uhr

c) 6:00 Uhr $\xrightarrow{\boxed{}\ \text{h}}$ 9:00 Uhr

d) 15:00 Uhr $\xrightarrow{\boxed{}\ \text{h}}$ 20:00 Uhr

2 Lies ab, wie viele Minuten (min) vergangen sind.

a) 8:00 Uhr $\xrightarrow{\boxed{30}\ \text{min}}$ 8:30 Uhr

b) 6:00 Uhr $\xrightarrow{\boxed{}\ \text{min}}$ 6:25 Uhr

c) 10:10 Uhr $\xrightarrow{\boxed{}\ \text{min}}$ 10:20 Uhr

d) 15:15 Uhr $\xrightarrow{\boxed{}\ \text{min}}$ 15:45 Uhr

★ Zeitspannen in Stunden und Minuten ablesen, bestimmen und notieren

1 Berechne den Zeitpunkt.
Trage die richtige Zeigerstellung ein.

a)
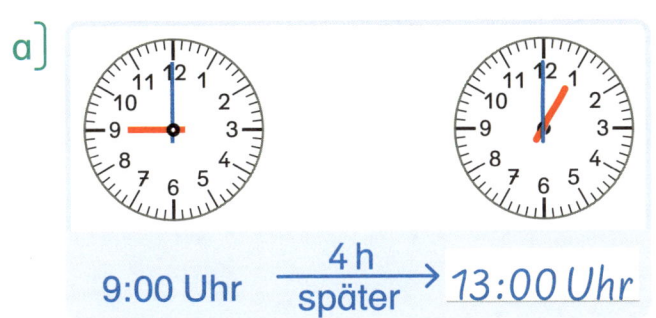

9:00 Uhr → 4 h später → *13:00 Uhr*

b)
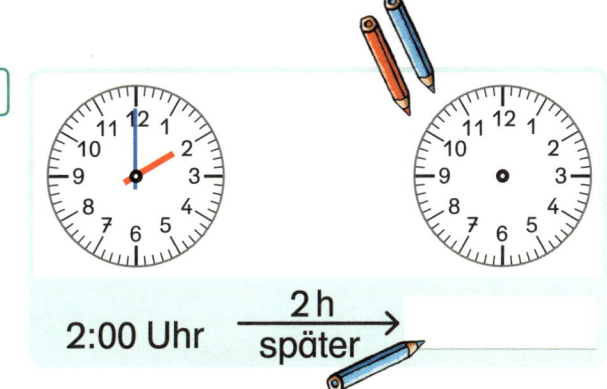

2:00 Uhr → 2 h später →

c)
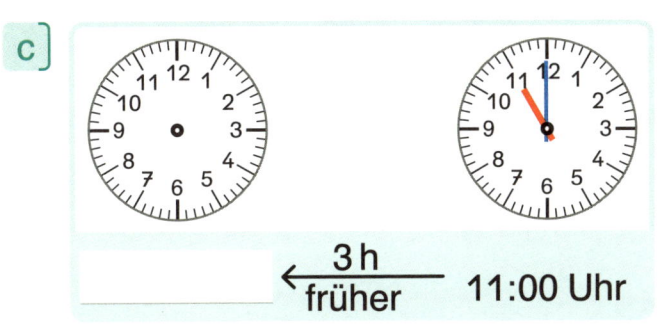

← 3 h früher — 11:00 Uhr

d)
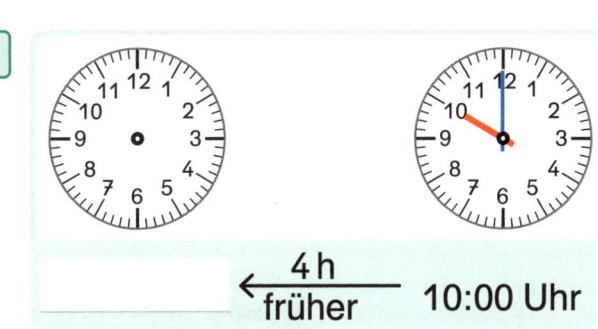

← 4 h früher — 10:00 Uhr

2 Berechne den Zeitpunkt.
Trage die richtige Zeigerstellung ein.

a)
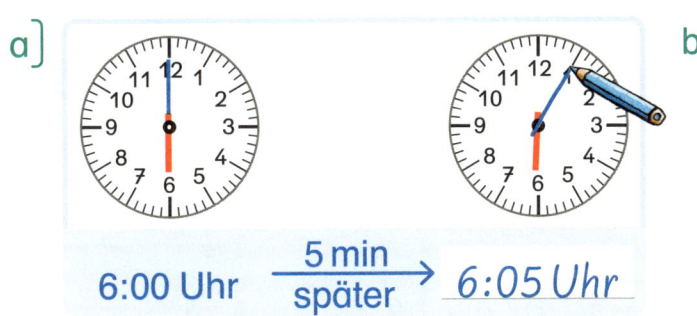

6:00 Uhr → 5 min später → *6:05 Uhr*

b)
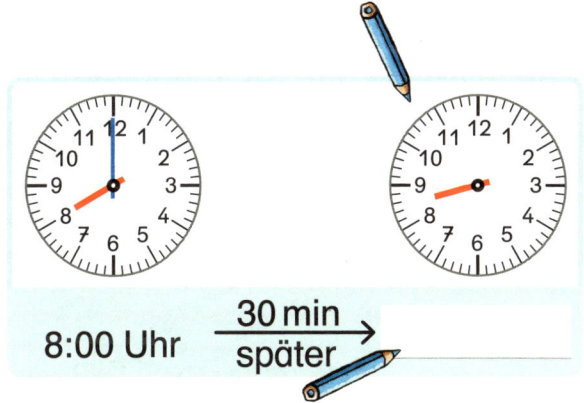

8:00 Uhr → 30 min später →

c)
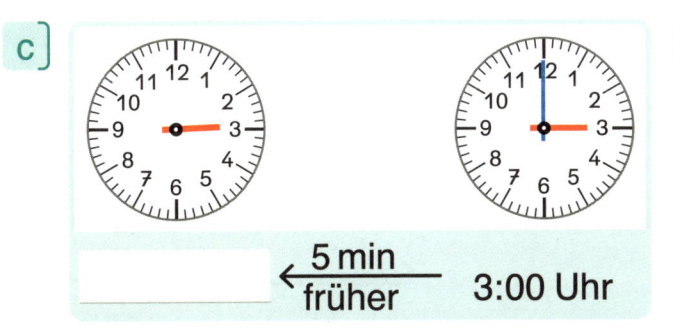

← 5 min früher — 3:00 Uhr

d)
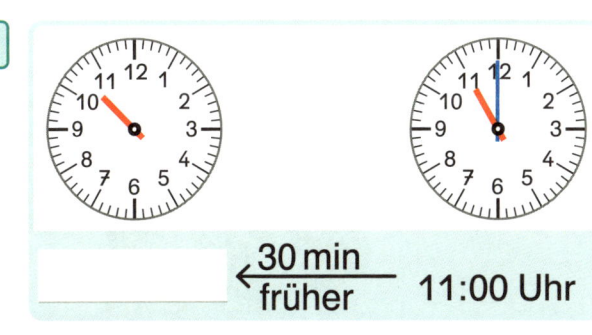

← 30 min früher — 11:00 Uhr

★ Anfangs- bzw. Endzeitpunkt zu angegebenen Zeitspannen bestimmen
und Zeigerstellung einzeichnen

In einer Stunde	**Vor** einer Stunde
8:00 Uhr $\xrightarrow{1h}$ 9:00 Uhr	8:00 Uhr $\xleftarrow{1h}$ 9:00 Uhr
Beginn Ende	Beginn Ende

1 Bestimme die Uhrzeiten.

a

In einer Stunde beginnt mein Fußball-Training.

14:00 Uhr $\xrightarrow{\boxed{1}\ \text{h}}$ _____

b

Vor drei Stunden sind wir losgefahren.

_____ $\xleftarrow{\boxed{\ }\ \text{h}}$ _____

2 Schreibe auf, wie lange die Tätigkeiten dauern.

a   Mittagessen

12:30 Uhr $\xrightarrow{\boxed{\ }}$ 13:00 Uhr

b   Kindergeburtstag

_____ $\xrightarrow{\boxed{\ }}$ _____

★ zu bildlich dargestellten Alltagssituationen und vorgegebenen Zeitspannen Anfangs- bzw. Endzeitpunkte bestimmen ★ zu bildlich dargestellten Alltagssituationen und vorgegebenen Anfangs- und Endzeitpunkten Zeitspannen bestimmen

1 Berechne, wie lange die Kinder auf dem Spielplatz waren.

Mai-Lin

15:30 Uhr ――1h――→ 16:30 Uhr

Paul

Lena

2 Vergleiche die Zeitdauern aus Aufgabe **1** und ergänze die Sätze.

Lena war länger auf dem Spielplatz als _____.

Paul war kürzer auf dem Spielplatz als _____.

Mai-Lin war genauso lange auf dem Spielplatz wie _____.

3 Überprüfe, ob die Aussagen stimmen können.

Ich war gestern von 7 Uhr bis 17 Uhr auf dem Spielplatz.

◯ kann stimmen
◯ kann nicht stimmen

Ich war vorgestern von 16:00 Uhr bis 16:30 Uhr auf dem Spielplatz.

◯ kann stimmen
◯ kann nicht stimmen

Ich war am Sonntag von 0 Uhr bis 3 Uhr auf dem Spielplatz.

◯ kann stimmen
◯ kann nicht stimmen

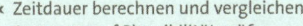

★ Zeitdauer berechnen und vergleichen
★ Aussagen auf Plausibilität prüfen

D 33

1 Bestimme mit einem anderen Kind jeweils drei Zahlen, mit denen du eine Plusaufgabe und eine Minusaufgabe bilden kannst. Schreibt die Aufgaben auf.

2 Schreibe die Plusaufgaben mit Ergebnis und die Umkehraufgaben auf.

a) $48 \xrightarrow{+7} \xleftarrow{-7} 55$

48 + 7 = 55

55 − 7 = ☐

b) $36 \xrightarrow{+6} \xleftarrow{-6} \boxed{}$

☐ + ☐ = ☐

☐ − ☐ = ☐

c) $69 \xrightarrow{+3} \xleftarrow{-3} \boxed{}$

☐ + ☐ = ☐

☐ − ☐ = ☐

3 Schreibe die Minusaufgaben mit Ergebnis und die Umkehraufgaben auf.

a) $81 \xrightarrow{-4} \xleftarrow{+4} 77$

81 − 4 = 77

77 + 4 = ☐

b) $58 \xrightarrow{-9} \xleftarrow{+9} \boxed{}$

☐ − ☐ = ☐

☐ + ☐ = ☐

c) $75 \xrightarrow{-7} \xleftarrow{+7} \boxed{}$

☐ − ☐ = ☐

☐ + ☐ = ☐

4 Löse die Aufgaben. Kontrolliere die Ergebnisse mit der Umkehraufgabe.

a) 64 − 9 = 55 , denn 55 + 9 = 64

42 − 4 = ☐ , denn ☐ + ☐ = ☐

83 − 6 = ☐ , denn ☐ + ☐ = ☐

Überprüfe deine Ergebnisse.

b) 27 + 5 = 32 , denn 32 − 5 = 27

84 + 8 = ☐ , denn ☐ − ☐ = ☐

43 + 9 = ☐ , denn ☐ − ☐ = ☐

★ Umkehraufgaben bilden, ablesen und notieren
★ Umkehraufgaben bilden und als Lösungskontrolle verwenden
★ SF: den Begriff „Umkehraufgabe" verwenden

1 Löse die Aufgaben.
Kontrolliere die Ergebnisse.
Die Lösungszahlen findest du in den Sternen.

a) 39 + 4 = 43

75 + 7 = ☐

52 + 9 = ☐

34 + 8 = ☐

b) 94 − 7 = ☐

62 − 3 = ☐

76 − 8 = ☐

81 − 4 = ☐

42   59   61
43
68   77   82   87

2 Löse die Aufgaben im Heft.

a) 67 + 4 = ☐

86 + 7 = ☐

57 + 9 = ☐

43 + 8 = ☐

b) 22 − 5 = ☐

83 − 9 = ☐

46 − 8 = ☐

71 − 6 = ☐

Seite 53 Aufgabe 2

a)   6 7 + 4 = ...   b)   ...

3 Löse die Aufgaben.

a) 47 + 6 = 53

65 + ☐ = 74

39 + ☐ = 43

86 + ☐ = 91

b) 52 − ☐ = 48

93 − ☐ = 85

71 − ☐ = 66

26 − ☐ = 17

4 Rechne in Tabellen.

a)

+	8	6	9
48	56		
76			

b)

+	5	6	4
27			
59			

c)

−	6	4	5
61	55		
93			

d)

−	9	7	5
32			
42			

★ Plus- und Minusaufgaben mit Zehnerüberschreitung lösen und Ergebnisse überprüfen
★ Ergänzungsaufgaben lösen
★ Plus- und Minusaufgaben in Tabellen lösen

1 Löse zuerst die Plusaufgabe.
Finde die passende Umkehraufgabe und löse sie.
Male zusammengehörige Kärtchen in der gleichen Farbe an.

$25 + 7 = 32$

$37 + 8 = \boxed{}$

$58 + 6 = \boxed{}$

$76 + 5 = \boxed{}$

$43 + 8 = \boxed{}$

$85 + 9 = \boxed{}$

$32 - 7 = 25$

$81 - 5 = \boxed{}$

$64 - 6 = \boxed{}$

$94 - 9 = \boxed{}$

$45 - 8 = \boxed{}$

$51 - 8 = \boxed{}$

2 Löse die Aufgaben.
Ergänze bei jeder Aufgabenreihe zwei weitere passende Aufgaben.

a]
$40 + 8 = \boxed{}$
$39 + 8 = \boxed{}$
$38 + 8 = \boxed{}$
$\boxed{} + \boxed{} = \boxed{}$
$\boxed{} + \boxed{} = \boxed{}$

b]
$64 - 9 = \boxed{}$
$63 - 9 = \boxed{}$
$62 - 9 = \boxed{}$
$\boxed{} - \boxed{} = \boxed{}$
$\boxed{} - \boxed{} = \boxed{}$

3 Löse die Aufgaben. Ordne sie passend zu.

44
$38 + 6$

45

47

$38 + 6$ $43 + 4$ $37 + 8$ $53 - 9$ $53 - 6$ $51 - 6$

* **MK:** die Struktur von Aufgabenreihen erkennen und diese fortsetzen
* Aufgaben und Umkehraufgaben zuordnen und lösen
* Plus- und Minusaufgaben lösen und passend einordnen

Auf der Tafel:

$35 + 6 = 41$ $53 + 6 = 59$ $63 + 5 = 68$
$36 + 5 = 41$ $56 + 3 = 59$ $65 + 3 = 68$

$35 - 6 = 29$ $53 - 6 =$
$36 - 5 = 31$

Rechne auch die Minusaufgaben.

---

1 Bilde Aufgaben aus den Ziffern, die du auf den Würfeln siehst. Jedes Kästchen steht für eine Ziffer.

☐☐ + ☐ = ☐☐   ☐☐ + ☐ = ☐☐   ☐☐ + ☐ = ☐☐

☐☐ − ☐ = ☐☐   ☐☐ − ☐ = ☐☐   ☐☐ − ☐ = ☐☐

2 Würfle mit drei Würfeln. Zeichne dein Würfelergebnis ab. Bilde Aufgaben aus den Ziffern. Jedes Kästchen steht für eine gewürfelte Ziffer.

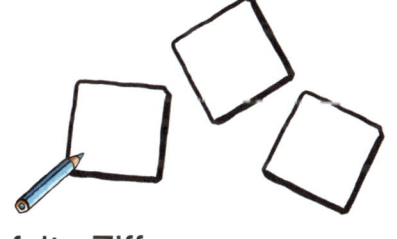

☐☐ + ☐ = ☐☐   ☐☐ + ☐ = ☐☐   ☐☐ + ☐ = ☐☐

☐☐ − ☐ = ☐☐   ☐☐ − ☐ = ☐☐   ☐☐ − ☐ = ☐☐

3 Welche Ziffern wurden gewürfelt? Finde immer eine Möglichkeit.

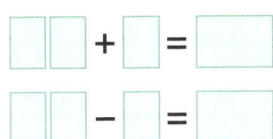

☐☐ + ☐ = 37   ☐☐ + ☐ = 51

☐☐ − ☐ = 12   ☐☐ − ☐ = 59

★ mit Würfeln nach unterschiedlichen Vorgaben Aufgaben zusammenstellen und lösen

1 Ergänze die fehlenden Zahlen.

a)
33
25 8 1

b)
2 5 49

c)
53 3 5

d)
32 2 7

e)
61 4 3

f)
5 1 26

2 Ergänze die fehlenden Zahlen.

a)
52
43
36

b)
83
9
7

c)
8 35
32

3 Setze die Zahlenmauern richtig zusammen.

a)
28
20
17

5 3 ~~20~~
~~28~~ ~~17~~ 8

b)

37 32 43
1 5 6

c)

6 9 39
45 54 3

★ fehlende Zahlen in Zahlenmauern ergänzen
★ vorgegebene Zahlen passend in Zahlenmauern einsetzen

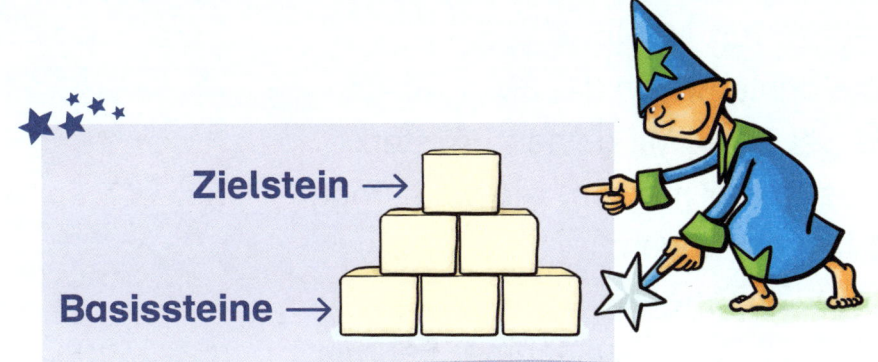

1 Ergänze die Zahlenmauern. Achte auf den Zielstein.

a In den Zahlenmauern ist der linke Basisstein immer um 2 erhöht.
Wie verändert sich der Zielstein?

b In den Zahlenmauern ist der rechte Basisstein immer um 2 erhöht.
Wie verändert sich der Zielstein?

c In den Zahlenmauern ist der mittlere Basisstein immer um 2 erhöht.
Wie verändert sich der Zielstein?

2 Besprich deine Entdeckungen aus Aufgabe **1** mit einem anderen Kind.

★ **SF:** Auswirkungen veränderter Basissteine auf den Zielstein untersuchen und beschreiben

Ein **Jahr** hat **12 Monate**.
Die Monate haben 31, 30
oder 28 Tage. Mit deinen Fäusten
kannst du dir merken, wie viele Tage
die Monate haben:
Berg – 31 Tage
Tal – 30 Tage (Ausnahme: Februar).

Januar (1. Monat)						
Mo		03	10	17	24	31
Di		04	11	18	25	
Mi		05	12	19	26	
Do		06	13	20	27	
Fr		07	14	21	28	
Sa	01	08	15	22	29	
So	02	09	16	23	30	

Februar (2. Monat)					
Mo		07	14	21	28
Di	01	08	15	22	
Mi	02	09	16	23	
Do	03	10	17	24	
Fr	04	11	18	25	
Sa	05	12	19	26	
So	06	13	20	27	

März (3. Monat)				
Mo		07	14	2
Di	01	08	15	2
Mi	02	09	16	2
Do	03	10	17	2
Fr	04	11	18	2
Sa	05	12	19	2
So	06	13	20	2

Juli (7. Monat)				
Mo		04	11	18	25
Di		05	12	19	26
Mi		06	13	20	27
Do		07	14	21	28
Fr	01	08	15	22	29
Sa	02	09	16	23	30
So	03	10	17	24	31

August (8. Monat)					
Mo	01	08	15	22	29
Di	02	09	16	23	30
Mi	03	10	17	24	31
Do	04	11	18	25	
Fr	05	12	19	26	
Sa	06	13	20	27	
So	07	14	21	28	

September (9. Monat)				
Mo		05	12	1
Di		06	13	2
Mi		07	14	2
Do	01	08	15	2
Fr	02	09	16	2
Sa	03	10	17	2
So	04	11	18	2

Der Februar hat nur 28 und in jedem vierten Jahr 29 Tage. Dieses vierte Jahr nennt man Schaltjahr.

31		31		31		31			31		31		31
Januar		März		Mai		Juli			August		Oktober		Dezember
	28		30		30					30		30	
	Februar		April		Juni				September		November	

1 Lies die richtige Reihenfolge der Monate am Kalender ab.

1. Monat: *Januar*   2. Monat: _____   3. Monat: _____

4. Monat: _____   5. Monat: _____   6. Monat: _____

7. Monat: _____   8. Monat: _____   9. Monat: _____

10. Monat: _____   11. Monat: _____   12. Monat: _____

2 Unterstreiche bei Aufgabe 1 alle Monate mit 31 Tagen rot, alle Monate mit 30 Tagen gelb.

 3 Suche dir ein anderes Kind. Stellt euch gegenseitig Fragen zum Kalender.

Wie heißen die Nachbar-
monate vom Mai?

Wie viele Tage
hat der April?

Wie heißen die Monate
mit 30 Tagen?

…

Wie heißen die Nachbarmonate vom Mai?

April und Juni

★ Reihenfolge der Monate am Kalender ablesen ★ die Dauer der Monate anhand der Knöchelregel bestimmen ★ die Anzahl der Tage im Februar als Ausnahme kennenlernen ★ **SF:** Fragen rund um den Kalender beantworten; den Begriff „Schaltjahr" kennenlernen

Mai (5. Monat)		Juni (6. Monat)	

ril
(Monat)

```
   04 11 18 25
   05 12 19 26
   06 13 20 27
   07 14 21 28
01 08 15 22 29
02 09 16 23 30
03 10 17 24
```

Mai (5. Monat)
```
Mo    02 09 16 23 30
Di    03 10 17 24 31
Mi    04 11 18 25
Do    05 12 19 26
Fr    06 13 20 27
Sa    07 14 21 28
So 01 08 15 22 29
```

Juni (6. Monat)
```
Mo    06 13 20 27
Di    07 14 21 28
Mi 01 08 15 22 29
Do 02 09 16 23 30
Fr    03 10 17 24
Sa    04 11 18 25
So    05 12 19 26
```

tober (Monat)
```
   03 10 17 24 31
   04 11 18 25
   05 12 19 26
   06 13 20 27
   07 14 21 28
01 08 15 22 29
02 09 16 23 30
```

November (11. Monat)
```
Mo    07 14 21 28
Di 01 08 15 22 29
Mi 02 09 16 23 30
Do    03 10 17 24
Fr    04 11 18 25
Sa    05 12 19 26
So    06 13 20 27
```

Dezember (12. Monat)
```
Mo    05 12 19 26
Di    06 13 20 27
Mi    07 14 21 28
Do 01 08 15 22 29
Fr 02 09 16 23 30
Sa 03 10 17 24 31
So    04 11 18 25
```

Eine **Woche** hat **7 Tage**.

Die **Wochentage** heißen:

Montag   – Mo.
Dienstag   – Di.
Mittwoch   – Mi.
Donnerstag – Do.
Freitag   – Fr.
Samstag   – Sa.
Sonntag   – So.

1 Schreibe das Datum mit Zahlen auf.

26. Januar: *26.1.*

28. August: _____

15. März: _____

15. September: _____

12. Juli: _____

18. Dezember: _____

2 Schreibe den Monatsnamen als Wort.

17.5. *17. Mai* _____

6.7. _____

14.2. _____

21.11. _____

23.10. _____

13. 4. _____

3 Vervollständige die Sätze.

a Heute ist *Sonntag, der 15. Januar.*

b Morgen ist _____

c Gestern war _____

d Übermorgen ist _____

e Vorgestern war _____

15.
Januar
Sonntag

★ SF: zu Abkürzungen im Kalender die Wochentage kennenlernen
★ das Datum in Zahlen und Worten notieren
★ zu unterschiedlichen Zeitangaben das passende Datum finden

ÜH 27, 28   AH 33   59

1 Löse die Rätsel zu den Wochentagen und Monaten.
Die richtigen Lösungen findest du in den Sternen.

Nach mir kommt der Donnerstag. *Mittwoch*	Ich bin der 10. Monat.	Vor mir kommt der Sonntag.
Nach mir kommt der Juli.	Ich bin der letzte Tag der Woche.	In manchen Jahren bin ich einen Tag länger.
Ich habe den kürzesten Monatsnamen.	Der Monat vor mir hat genauso viele Tage wie ich.	Ich bin der Tag zwischen Freitag und Sonntag.

Februar   Mai   Juni   August   Oktober

Montag   ~~Mittwoch~~   Samstag   Sonntag

2 Betrachtet verschiedene aktuelle Kalender.
Sucht den Wochentag und das Datum für folgende Tage:

Muttertag: *Sonntag,* _____   Rosenmontag: _____

Heiliger Abend: _____   Nikolaustag: _____

3 Prüft mithilfe eines aktuellen Kalenders,
ob die Aussage richtig oder falsch ist. Kreuzt an.

	stimmt	stimmt nicht
Der März hat genauso viele Tage wie der Mai	X	
Der erste Tag im Oktober ist ein Montag.		
Der 8. August ist ein Mittwoch.		
Der 25. Dezember ist ein Feiertag.		

★ Rätsel zu Monatsnamen und Wochentagen lösen
★ MK: besondere Tage im Kalender finden und das Datum notieren
★ MK: mithilfe eines Kalenders Aussagen überprüfen

1   Übertrage die Zeitangaben in Monate.

a) 1 Jahr: `12` Monate   b) 2 Jahre: ☐ Monate

   1 Jahr 4 Monate: ☐ Monate   2 Jahre 3 Monate: ☐ Monate

   1 Jahr 6 Monate: ☐ Monate   2 Jahre 9 Monate: ☐ Monate

2   Übertrage die Zeitangaben in Tage.

a) 1 Woche: `7` Tage   b) 1 Woche 2 Tage: ☐ Tage

   2 Wochen: ☐ Tage   1 Woche 5 Tage: ☐ Tage

   3 Wochen: ☐ Tage   2 Wochen 6 Tage: ☐ Tage

3   Übertrage die Zeitangaben in Wochen und Tage.

13 Tage: `1` Woche(n) `6` Tage

16 Tage: ☐ Woche(n) ☐ Tage

 9 Tage: ☐ Woche(n) ☐ Tage

4   Übertrage die Zeitangaben in Jahre und Monate.

14 Monate: ☐ Jahr(e) ☐ Monate

27 Monate: ☐ Jahr(e) ☐ Monate

18 Monate: ☐ Jahr(e) ☐ Monate

5   Kreise die Zeitangabe ein, die am längsten dauert.

a)   2 Wochen   (15 Tage)   b)   22 Tage   3 Wochen
      1 Woche 6 Tage   2 Wochen 5 Tage

c)   1 Jahr   1 Jahr 5 Monate   d)   20 Monate   2 Jahre
        18 Monate   1 Jahr 11 Monate

1 Wie viel Zeit ist vergangen? Ordne die Zeitangaben den Bildern zu.

genau eine Woche   einige Stunden   einige Minuten

einige Tage   ein Tag   genau ein Jahr

mehrere Jahre   mehrere Monate   ~~einige Sekunden~~

einige Sekunden

D 39

★ verschiedenen Zeitspannen aus der Erfahrungswelt der Kinder geeignete Fachbegriffe /
Zeiteinheiten zuordnen (Sekunde, Minute, Stunde, Tag, Woche, Monat, Jahr)

Themenheft 2

★ Addition und Subtraktion von Einern
★ Sachaufgaben Teil 2 ★ Körper ★ Zeit

Erarbeitet von: Roland Bauer und Jutta Maurach

Redaktion: Sophie Arndt, Agnetha Heidtmann, Friederike Thomas

Illustration: Yo Rühmer

Umschlaggestaltung: Cornelia Gründer, agentur corngreen, Leipzig

Layout und technische Umsetzung: lernsatz.de

Begleitmaterialien für Lernende der zweiten Klasse

Einstern 2 Paket Verbrauchsmaterial	978-3-06-084735-8	BigBook	978-3-06-084796-9
Einstern 2 *leicht gemacht*		BuchTaucher-App	978-3-06-084762-4
Paket Verbrauchsmaterial	978-3-06-084741-9	Interaktive Übungen	978-3-06-084767-9
Arbeitsheft	978-3-06-084758-7	GrundschulTrainer-App	978-3-06-084449-4
Übungssternchen	978-3-06-084732-7		

 scook Deine **interaktiven Gratis-Übungen** findest du hier:

1. Gehe auf scook.de.
2. Gib den unten stehenden Zugangscode in die Box ein.
3. Hab viel Spaß mit deinen Gratis-Übungen.

Dein Zugangscode auf
www.scook.de | fgocr-n465g

www.cornelsen.de

1. Auflage, 1. Druck 2021

Alle Drucke dieser Auflage sind inhaltlich unverändert
und können im Unterricht nebeneinander verwendet werden.

© 2021 Cornelsen Verlag GmbH, Berlin

Druck: Parzeller print & media GmbH & Co. KG, Fulda

ISBN 978-3-06-084720-4
ISBN 978-3-06-084744-0 (Themenhefte 1–4 *leicht gemacht* und Diagnose-Sternchen als E-Book)

PEFC zertifiziert
Dieses Produkt stammt aus nachhaltig bewirtschafteten Wäldern und kontrollierten Quellen.
www.pefc.de

PEFC
PEFC/04-31-1308

Vorschläge für Plenumsphasen zum vertiefenden Erwerb prozessbezogener Kompetenzen

S. 5/8/21/35   Kinder beschreiben ihr Vorgehen beim Legen, Zeichnen und Rechnen der Aufgaben

S. 7/10/23/37   Kinder beschreiben Zusammenhänge bei Analogieaufgaben und ihre Anwendung als Lösungshilfe

S. 19   Kinder stellen ihre zu vorgegebenen Rechnungen, Fragen und Antworten formulierten Rechengeschichten vor, diese werden durch gemeinsam gefundene Lösungen überprüft

S. 27/41   Kinder stellen aufgabenbezogen unterschiedlich gewählte Rechenwege und ihre Notationsformen vor und begründen ihr Vorgehen; mithilfe der Sprachvorbilder benennen sie Kriterien guter Beschreibungen der Rechenwege (S. 27 →BigBook: Seite 14; S. 41 →BigBook: Seite 18)

S. 28   Kinder gestalten eine Ausstellung mit Alltagsgegenständen; sie ordnen diese den entsprechenden Körperformen zu und begründen ihre Zuordnung

S. 29   Kinder stellen ihre Rätsel zu geometrischen Körpern gegenseitig in der Klasse vor und lösen sie

S. 31   Kinder ordnen Alltagsgegenstände an und beschreiben die Anordnung von vorne, von hinten, von links und von rechts; sie bauen verschiedene Bauwerke aus geometrischen Körpern und beschreiben diese ebenfalls von vorne, von hinten, von links und von rechts (→BigBook: Seite 16)

S. 32   Kinder beschreiben den Zusammenhang zwischen Würfelbauten und ihren Bauplänen

S. 42   Kinder beschreiben verschiedene Möglichkeiten der Zeitmessung, ihre jeweiligen Anwendungsbereiche sowie die Vor- und Nachteile einzelner Messinstrumente

S. 45   Kinder beschreiben Unterschiede und Gemeinsamkeiten von analogen und digitalen Uhren

S. 50   Kinder finden Repräsentanten für unterschiedliche Zeitspannen (→BigBook: Seite 20)

S. 57   Kinder stellen ihre Entdeckungen hinsichtlich der Auswirkung von Veränderungen bei den Basissteinen auf den Zielstein vor

Vorschläge für die Förderung von Medienkompetenz

S. 19   Kinder erstellen eine (digitale) Sammlung/ein Buch mit den von den Kindern selbst verfassten Rechengeschichten. Dieses Projekt kann im Laufe des Schuljahres fortgeführt werden oder in anderen Themenbereichen wiederholt werden.

S. 29   Kinder legen eine (digitale) Sammlung mit Rätseln zu geometrischen Körpern an

S. 30   Kinder erkunden digitale Zeichenprogramme und prüfen, ob sie mit ihnen auch Körper zeichnen können

S. 32   Kinder recherchieren im Internet nach Möglichkeiten, Würfelbauten am PC zu erstellen und nutzen diese Tools

S. 42   Kinder gestalten eine Ausstellung mit unterschiedlichen realen sowie abgebildeten (Zeichnungen, Fotos, Ausschnitte aus Zeitschriften/Prospekten, ...) Zeitmessinstrumenten

S. 53   Kinder erstellen erste einfache Rechentabellen am PC und füllen sie aus

S. 58   Kinder recherchieren im Internet und erkunden, was ein Schaltjahr ist; Kinder recherchieren im Internet und ordnen die Monate den Jahreszeiten zu

S. 59   Kinder gestalten eine Ausstellung mit unterschiedlichen Kalendern und untersuchen diese hinsichtlich ihrer Verwendung und den enthaltenen Informationen

Synopse zu den Medienkompetenzbereichen

Suchen, Verarbeiten und Aufbewahren	S. 19, 29, 58, 60
Produzieren und Präsentieren	S. 19, 28, 42, 59
Problemlösen und Handeln	S. 4, 6, 9, 13, 22, 23, 28, 30, 32, 36, 37, 42, 53, 54

Ich lerne lesen

... und richtig schreiben von Anfang an

Arbeitsheft 1

Dieses Heft gehört:

Projektleitung: Claudia Passek
Projektleitung Cornelsen: Dorothee Weylandt / Chelsea Ledvinka, Berlin
Redaktion: Sibylle Krämer, Bayreuth
Illustration: Corina Beurenmeister, München; Kristina Klotz, München (Ölflasche, Überholverbotsschild)
Umschlaggestaltung: Corinna Babylon, Berlin
Umschlagillustrationen: Ente, Drachen, Pilz: Corina Beurenmeister, München; zerknittertes Papier:
Corinna Babylon, Berlin
Technische Umsetzung: krauß-verlagsservice, Ederheim/Hürnheim

www.cornelsen.de

1. Auflage, 2. Druck 2023

© 2020 Cornelsen Verlag GmbH, Berlin

Ursprünglich als „Entdecke die Schrift" (9783637014343) beim Oldenbourg Verlag (2015) erschienen.

Druck: Athesiadruck GmbH

ISBN 978-3-589-16688-6

PEFC-zertifiziert
Dieses Produkt
stammt aus
nachhaltig
bewirtschafteten
Wäldern

PEFC/18-31-166   www.pefc.de

Inhaltsverzeichnis

Arbeitsheft 1

Verschiedene Aufgaben:

 Forscheraufgaben

 Leseaufgaben

 Schreibaufgaben oder Malaufgaben

 Sternchenaufgaben

Schätze dich selbst ein:

 Das war leicht!

 Das war in Ordnung!

 Das war schwer! Ich brauche Hilfe.

Inhaltsverzeichnis Arbeitsheft 2

Das bin ich!

Das kann ich schon schreiben!

Male und schreibe.

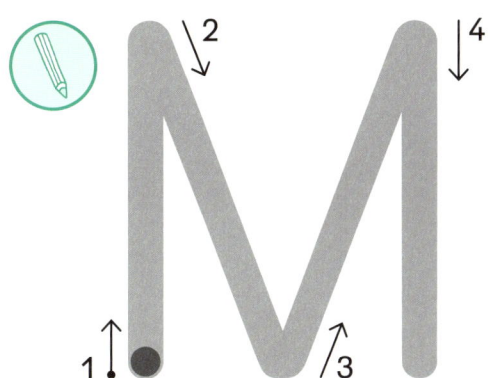
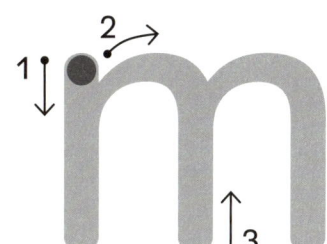

 M

 m

 M

 m

1. Spure den Buchstaben nach.
2. Male und schreibe passende Bilder und Wörter zu dem Buchstaben.
3. Schreibe den Buchstaben auf die Linien.

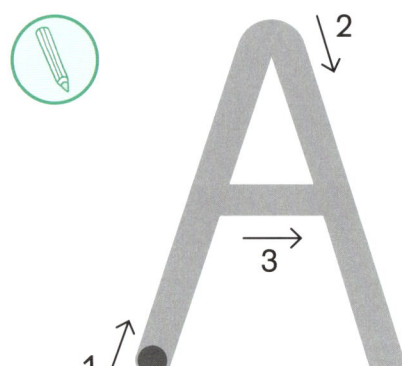 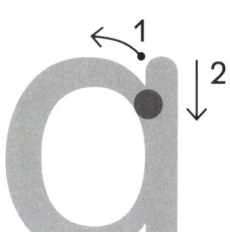 

  A

 a

 A

 a

1. Spure den Buchstaben nach.
2. Male und schreibe passende Bilder und Wörter zu dem Buchstaben.
3. Schreibe den Buchstaben auf die Linien.

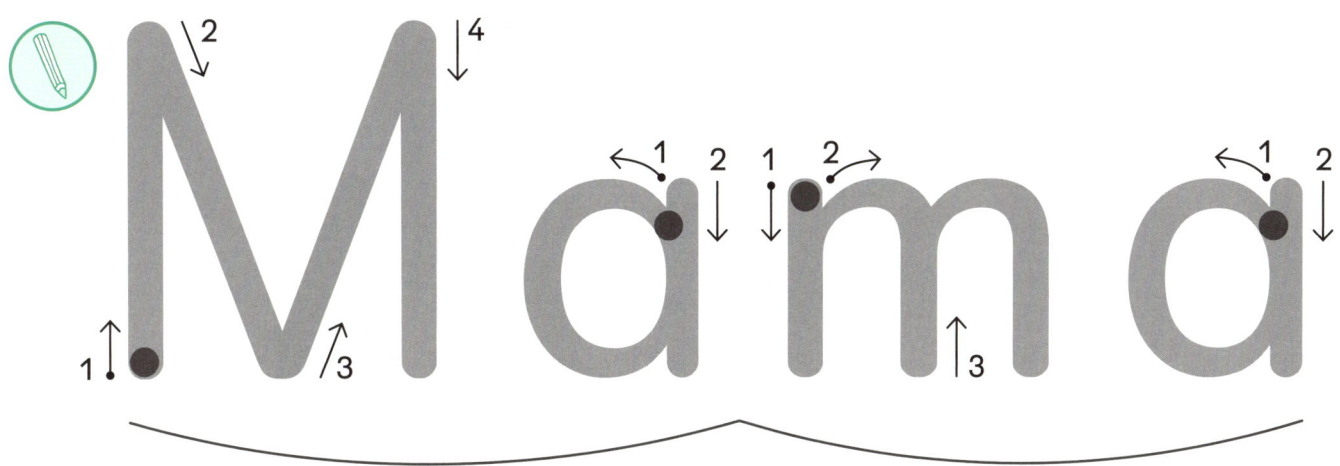

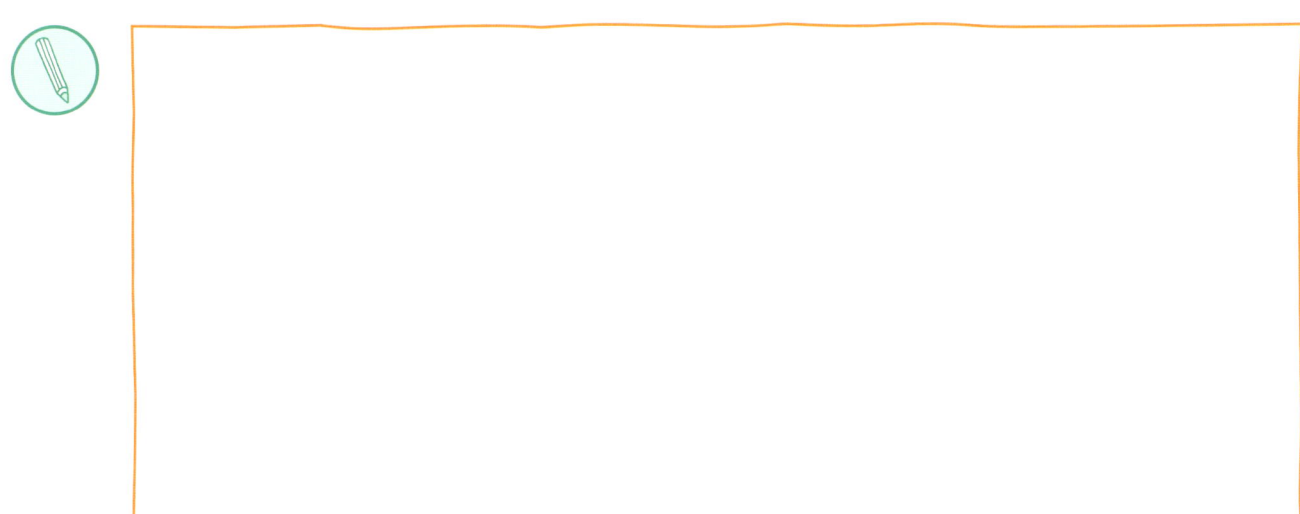

1. Spure das Wort nach.
2. Mama hat zwei Silben. Die zwei Silbenbögen zeigen, wo die erste Silbe aufhört und die zweite Silbe anfängt.
3. Schreibe das Wort mindestens einmal selbstständig auf und male die Silbenbögen.
4. Male ein Bild zu dem Wort.

1

1

 O

 o

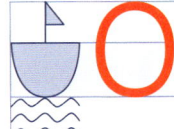 O

 o

1. Spure den Buchstaben nach.
2. Male und schreibe passende Bilder und Wörter zu dem Buchstaben.
3. Schreibe den Buchstaben auf die Linien.

Wörter bestehen aus Silben O o

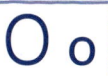

Mama

Oma

1. Spure die beiden Wörter nach.
2. Schreibe die beiden Wörter der Woche auf die Linien und male die Silbenbögen.

Der Buchstabe **l i**

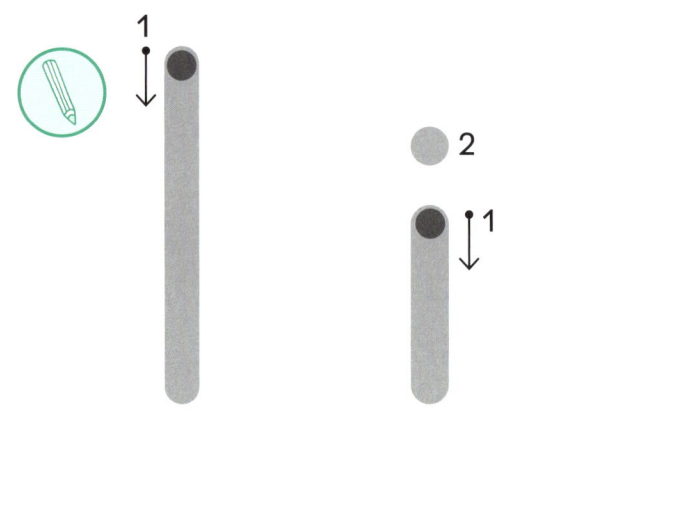

1. Spure den Buchstaben nach.
2. Male und schreibe passende Bilder und Wörter zu dem Buchstaben.
3. Schreibe den Buchstaben auf die Linien.

11

Wörter der Woche

Das Bärenboot

die **M**ama

M | a | | m | a |

die **M**am**i**

die **O**ma

die **O**mi

1. Lies die Wörter der Woche und male die Silbenbögen.
2. Trage die Wörter in die richtigen Kästchen ein.

Mama

Mami

Oma

Omi

Das richtige Wort ankreuzen

☐ Mama

☐ Papa

☐ Ole

☐ Nase

☐ Oma

☐ Opa

☐ Tafel

☐ Mami

☐ Mandel

☐ Onkel

☐ Opi

☐ Omi

★ 1. Schreibe die Wörter der Woche auf die Linien und male die Silbenbögen.
★ 2. Kreuze das passende Wort an.

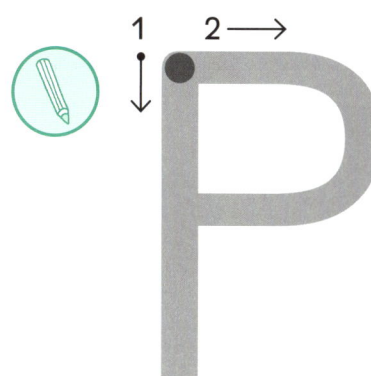 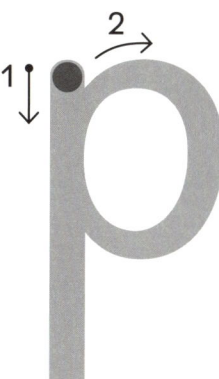 

 P

 p

 P

 p

1. Spure den Buchstaben nach.
2. Male und schreibe passende Bilder und Wörter zu dem Buchstaben.
3. Schreibe den Buchstaben auf die Linien.

Wörter bestehen aus Silben Pp

Das Bärenboot

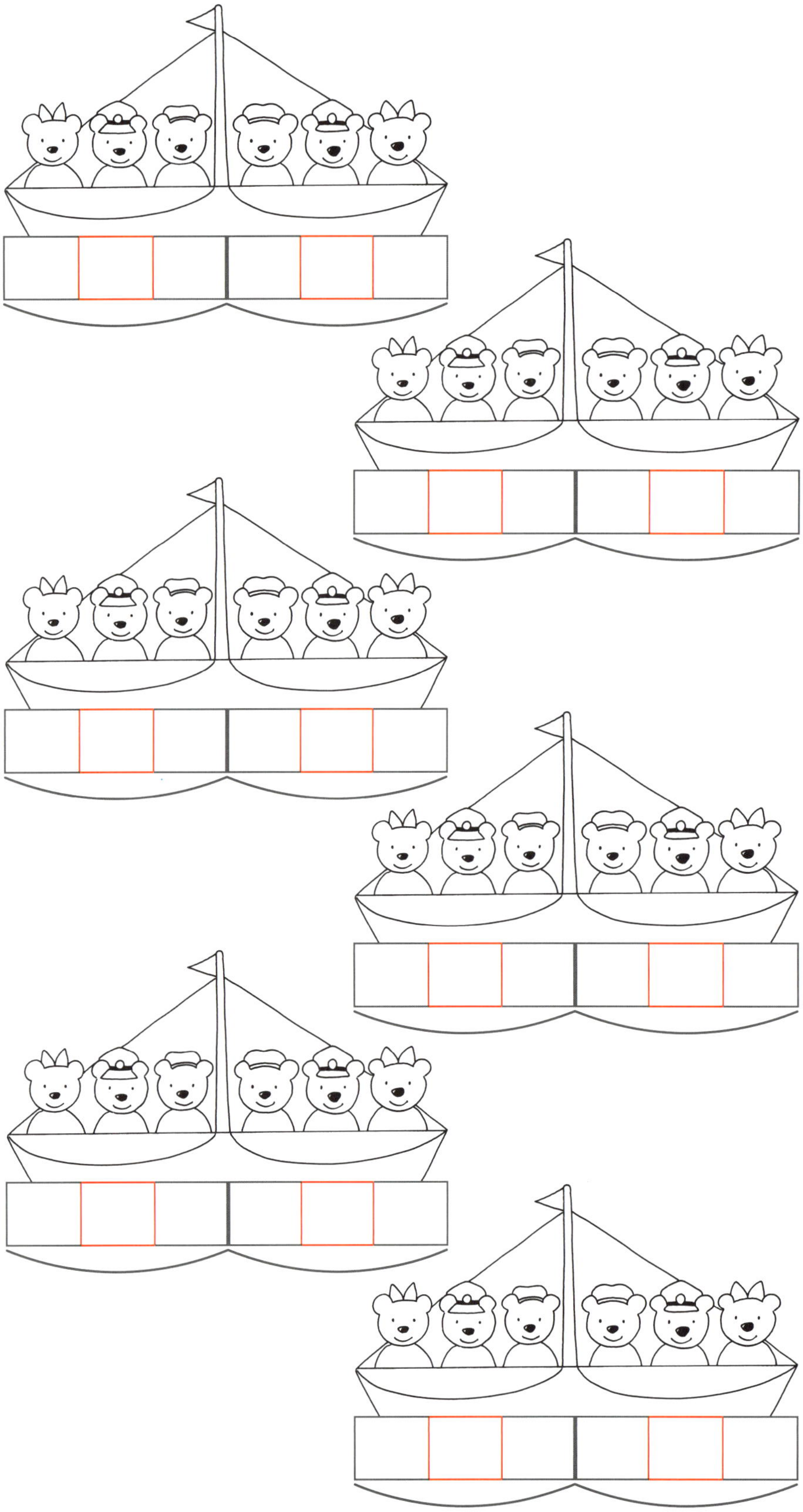

Wörter der Woche

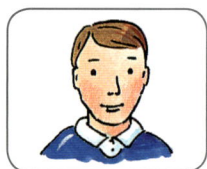

der Papa

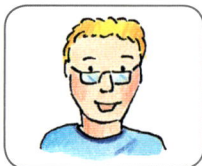

der Papi

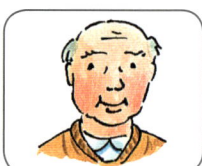

der Opa

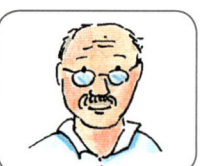

der Opi

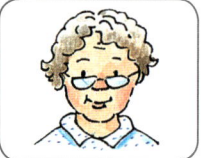

die Oma

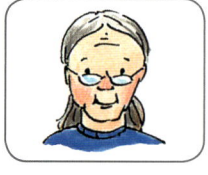

die Omi

1. Lies die Wörter der Woche und male die Silbenbögen.
2. Trage die Wörter in die richtigen Kästchen ein.

Papa

Papi

Opa

Opi

Oma

Omi

Das richtige Wort ankreuzen

- ☐ Mama
- ☐ Papa
- ☐ Ole

- ☐ Opi
- ☐ Ostern
- ☐ Omi

- ☐ Tante
- ☐ Oma
- ☐ Opi

- ☐ Papi
- ☐ Papagei
- ☐ Pilz

- ☐ Opa
- ☐ Mami
- ☐ Pinsel

- ☐ Papa
- ☐ Mama
- ☐ Omi

⭐ 1. Schreibe die Wörter der Woche auf die Linien und male die Silbenbögen.
2. Kreuze das passende Wort an.

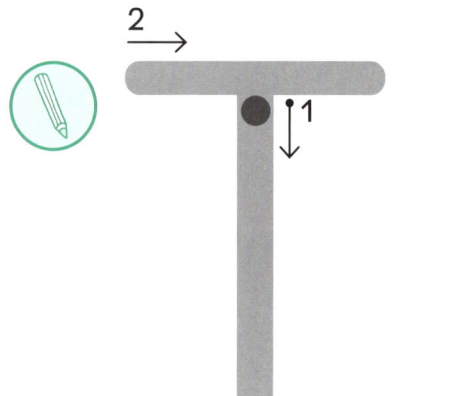
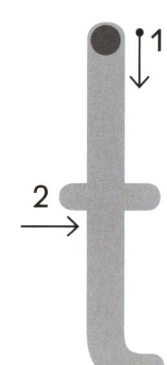

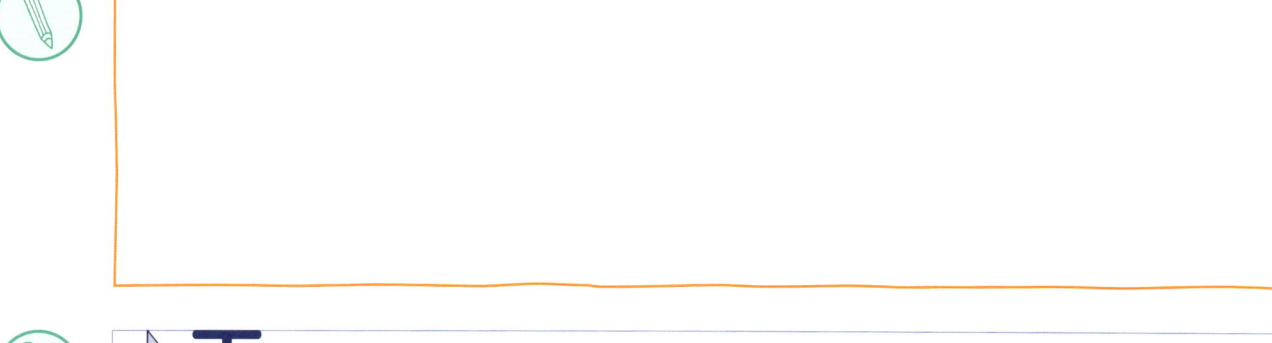

1. Spure den Buchstaben nach.
2. Male und schreibe passende Bilder und Wörter zu dem Buchstaben.
3. Schreibe den Buchstaben auf die Linien.

Das Bärenboot

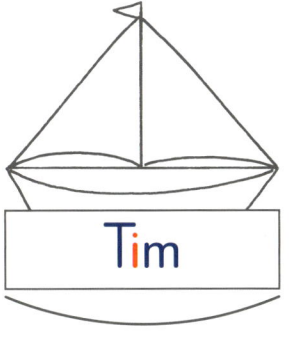
Tim

der Tim

der Tom

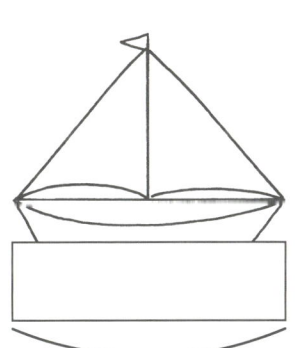

der Papa

der Opa

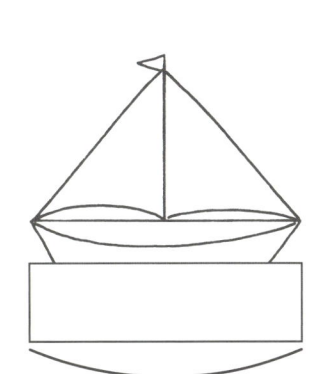

die Oma

mit

1. Lies die Wörter der Woche und male die Silbenbögen.
2. Trage die Wörter beim richtigen Boot in die Kästchen ein.

Tim

Tom

Papa

Opa

Oma

mit

Das richtige Wort ankreuzen

☐ Tante
☐ Ole
☐ Tim

☐ Tina
☐ Pilz
☐ Opa

☐ Tom
☐ Papa
☐ Tinte

☐ Otto
☐ Oma
☐ Hose

☐ Papa
☐ Mama
☐ Peter

☐ im
☐ mir
☐ mit

1. Schreibe die Wörter der Woche auf die Linien und male die Silbenbögen.
★ 2. Kreuze das passende Wort an.

19

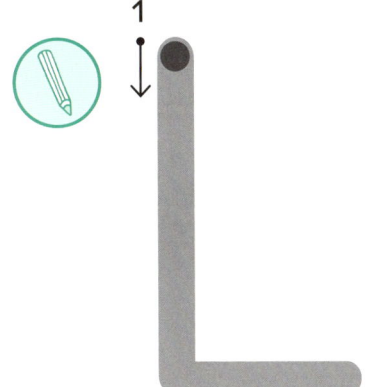

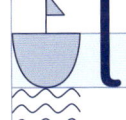

1. Spure den Buchstaben nach.
2. Male und schreibe passende Bilder und Wörter zu dem Buchstaben.
3. Schreibe den Buchstaben auf die Linien.

Das Bärenboot

Wörter der Woche

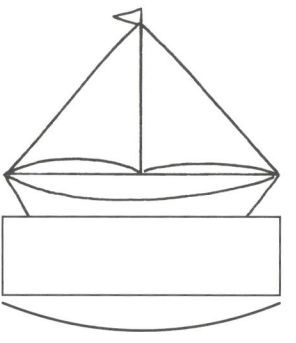

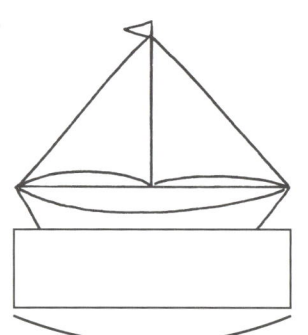

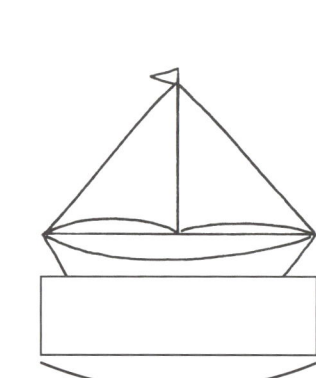

das Lama

malt

die Limo

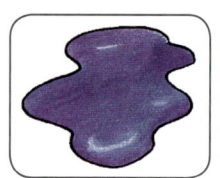

lila

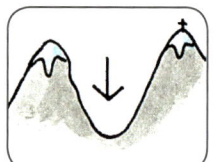

das Tal

der Tom

1. Lies die Wörter der Woche und male die Silbenbögen.
2. Trage die Wörter beim richtigen Boot in die Kästchen ein.

 —  das Lama

 — lila

 —  malt

 —  das Tal

 —  die Limo

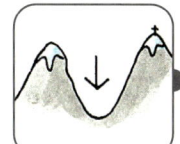 —  der Tom

Die Wörter der Woche auf Linien

 Lama

 malt

 Limo

 lila

 Tal

 Tom

1. Lies die Wörter und verbinde sie mit dem richtigen Bild.
2. Schreibe die Wörter der Woche auf die Linien und male die Silbenbögen.

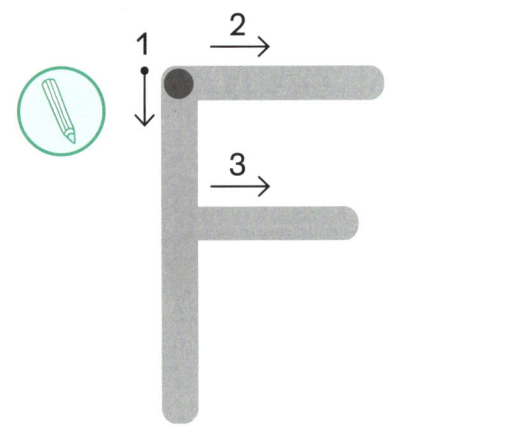

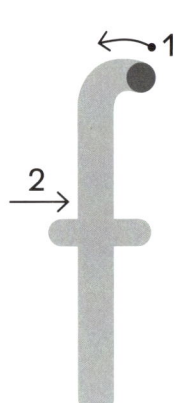

1. Spure den Buchstaben nach.
2. Male und schreibe passende Bilder und Wörter zu dem Buchstaben.
3. Schreibe den Buchstaben auf die Linien.

Das Bärenboot

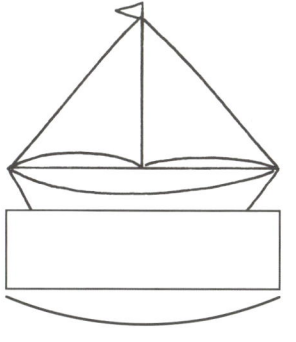

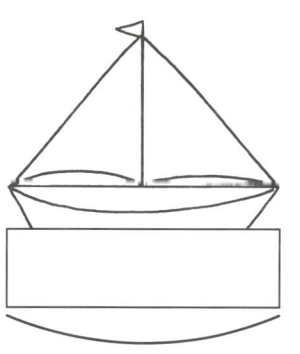

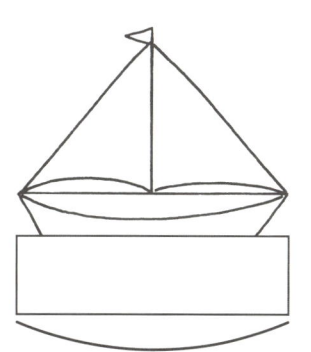

das **F**o**to**

der **F**i**lm**

das **M**o**fa**

das **L**a**ma**

filmt

ma**lt**

---

1. Lies die Wörter der Woche und male die Silbenbögen.
2. Trage die Wörter beim richtigen Boot in die Kästchen ein.

 — das Lama

 — filmt

 — malt

 — das Foto

 — der Film

 — das Mofa

Die Wörter der Woche auf Linien

 Foto

 Film

 Mofa

 Lama

 filmt

 Tom

1. Lies die Wörter und verbinde sie mit dem richtigen Bild.
2. Schreibe die Wörter der Woche auf die Linien und male die Silbenbögen.

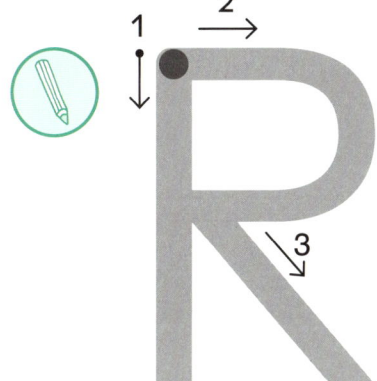 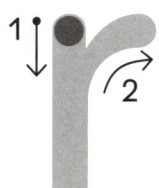 

1. Spure den Buchstaben nach.
2. Male und schreibe passende Bilder und Wörter zu dem Buchstaben.
3. Schreibe den Buchstaben auf die Linien.

26

Das Bärenboot

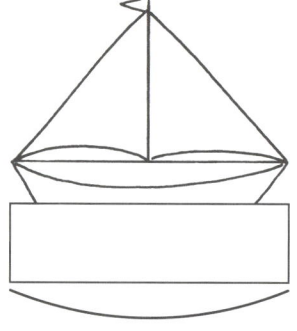

die Tara

rot

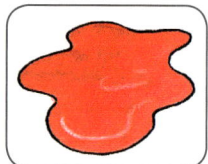
die Lara

mir

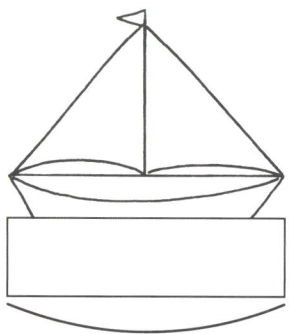

der Arm

das Foto

1. Lies die Wörter der Woche und male die Silbenbögen.
2. Trage die Wörter beim richtigen Boot in die Kästchen ein.

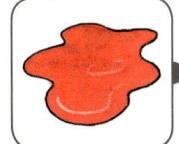  die Tara

 mir

 rot

 der Arm

 die Lara

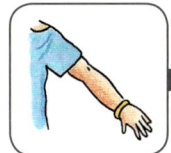 das Foto

Die Wörter der Woche auf Linien

 Tara

 rot

 Lara

 mir

 Arm

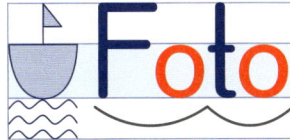 Foto

1. Lies die Wörter und verbinde sie mit dem richtigen Bild.
2. Schreibe die Wörter der Woche auf die Linien und male die Silbenbögen.

  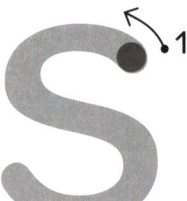 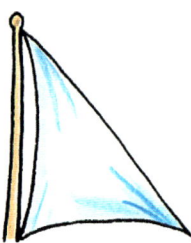

S

S

S

S

1. Spure den Buchstaben nach.
2. Male und schreibe passende Bilder und Wörter zu dem Buchstaben.
3. Schreibe den Buchstaben auf die Linien.

Das Bärenboot

**Wörter
der Woche**

die **S**ara

das **S**ofa

die **L**ara

die **O**mi

rosa

die **M**ami

1. Lies die Wörter der Woche und male die Silbenbögen.
2. Trage die Wörter in die richtigen Kästchen ein.

 **Sa** — **fa**  **Ma** — **sa**

 **O** — **ra**  **ro** — **mi**

 **So** — **mi**  **La** — **ra**

1. Verbinde die Silben zu Wörtern.
2. Schreibe die Wörter auf die Linien und male die Silbenbögen.

Knobelsätze

Elias spielt schläft gern Fußball.

Alma liest viele Bücher Autos.

Katie rechnet viele Blumen Aufgaben.

Hasan kann hat richtig gut schreiben.

⭐ 1. Schreibe die Wörter der Woche auf die Linien und male die Silbenbögen.
2. Lies die Sätze. Streiche das unpassende Wort durch.

 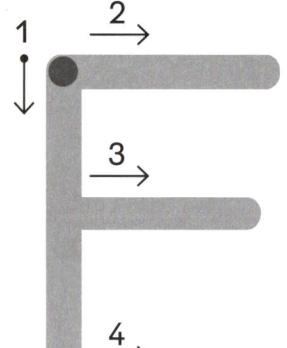

  E

 e

 E

 e

1. Spure den Buchstaben nach.
2. Male und schreibe passende Bilder und Wörter zu dem Buchstaben.
3. Schreibe den Buchstaben auf die Linien.

Bärenwörter E e

Das Bärenboot

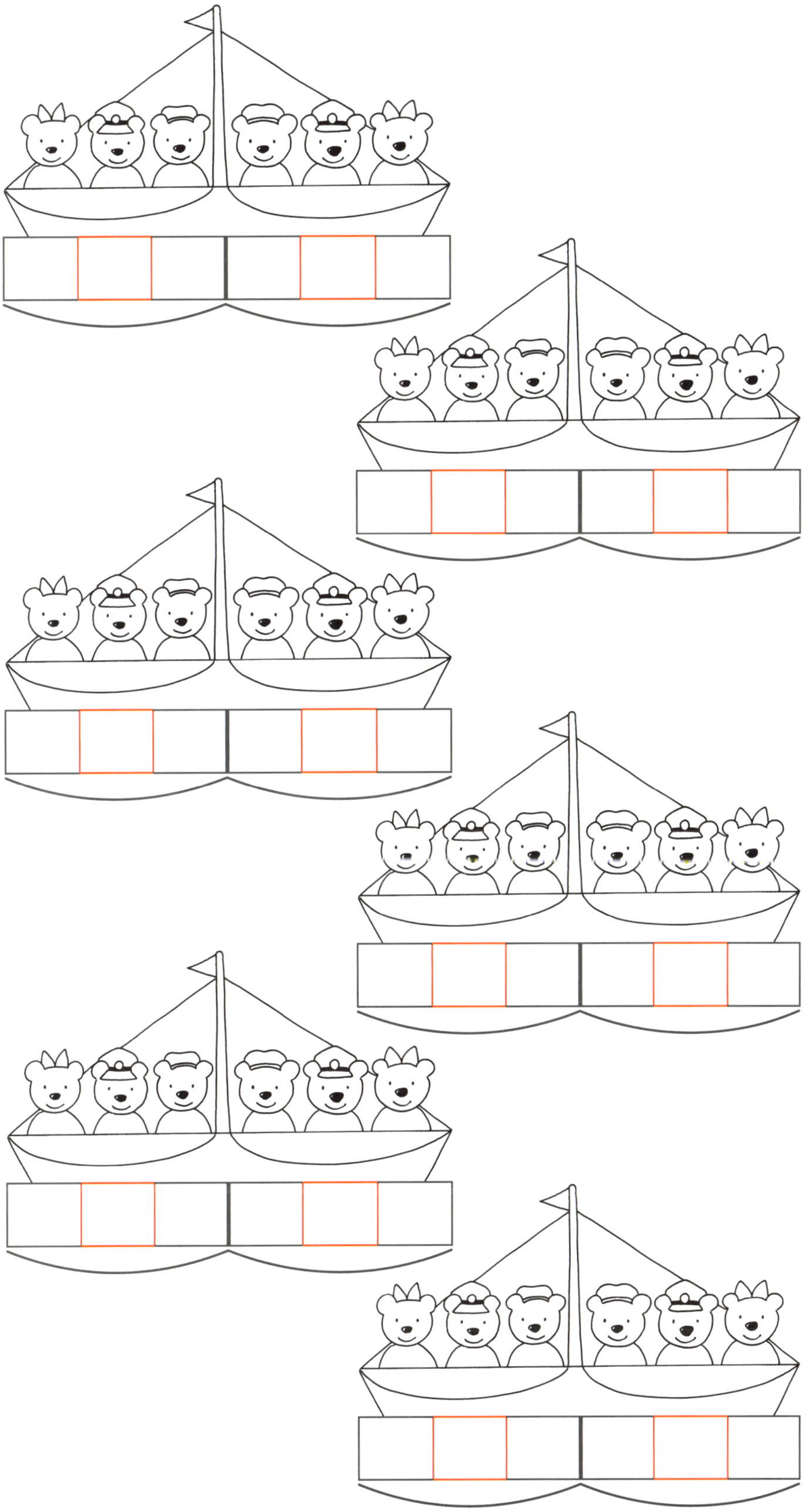

Wörter der Woche

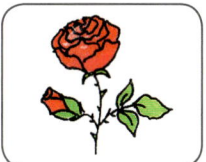

die Rose

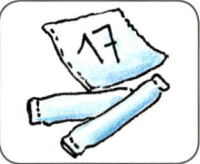

die Lose

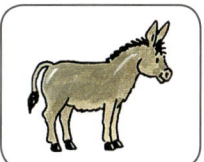

der Esel

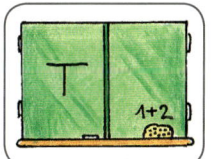

die Tafel

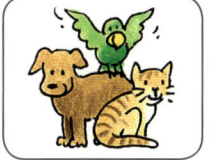

die Tiere

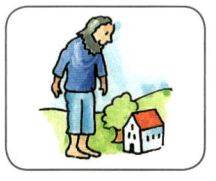

der Riese

1. Lies die Wörter der Woche und male die Silbenbögen.
2. Trage die Wörter in die richtigen Kästchen ein.

 **Ro** • • **sel** | 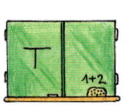 **Ta** • • **se**

 **Lo** • • **se** |  **Rie** • • **re**

 **E** • • **se** |  **Tie** • • **fel**

  |

  |

  |

1. Verbinde die Silben zu Wörtern.
2. Schreibe die Wörter auf die Linien und male die Silbenbögen.

Rose

Lose

Esel

Tafel

Tiere

Riese

Knobelsätze

Das Lama malt eine rote mir Rose.

Lara ruft rot Papa.

Omi hat eine Limo Tal.

Mama mag lila Papa.

1. Schreibe die Wörter der Woche auf die Linien und male die Silbenbögen.
⭐ 2. Lies die Sätze. Streiche das unpassende Wort durch.

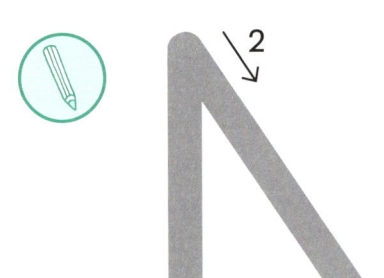

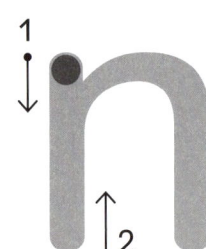

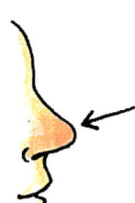

  N

 n

 N

 n

1. Spure den Buchstaben nach.
2. Male und schreibe passende Bilder und Wörter zu dem Buchstaben.
3. Schreibe den Buchstaben auf die Linien.

Das Bärenboot

Wörter der Woche

die Noten

die Namen

rasen

raten

malen

lesen

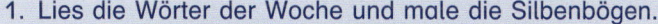

1. Lies die Wörter der Woche und male die Silbenbögen.
2. Trage die Wörter in die richtigen Kästchen ein.

 die Namen  raten

 die Noten  malen

 rasen  lesen

Die Wörter der Woche auf Linien

1. Lies die Wörter und verbinde sie mit dem richtigen Bild.
2. Schreibe die Wörter der Woche auf die Linien und male die Silbenbögen.

Das richtige Wort ankreuzen

☐ Not
☐ Noten
☐ Nuss

☐ rosa
☐ rot
☐ raten

☐ Namen
☐ Nele
☐ Nadel

☐ malen
☐ mit
☐ filmen

☐ rosa
☐ rasen
☐ rot

☐ lesen
☐ lachen
☐ lang

Knobelsätze

Der Riese sitzt mir auf dem lila Sofa.

Wir lesen an der das Tafel.

Die Esel raten rosa den Namen des Lamas.

Tom liebt fragt gelbe Limo.

★ 1. Kreuze das richtige Wort an.
★ 2. Lies die Sätze. Streiche das unpassende Wort durch.

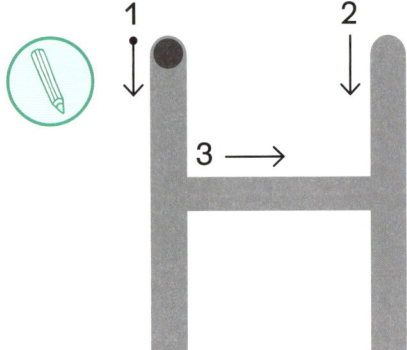 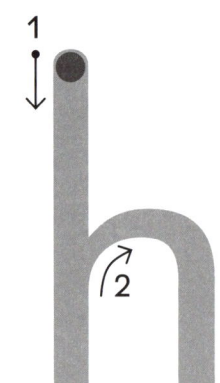

 H

 h

 H

 h

1. Spure den Buchstaben nach.
2. Male und schreibe passende Bilder und Wörter zu dem Buchstaben.
3. Schreibe den Buchstaben auf die Linien.

Das Bärenboot

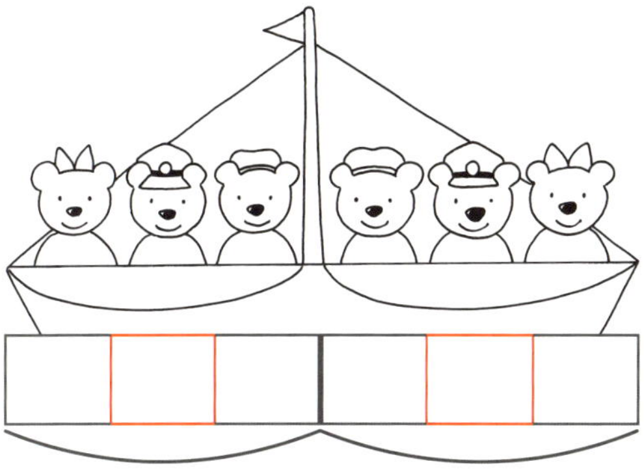

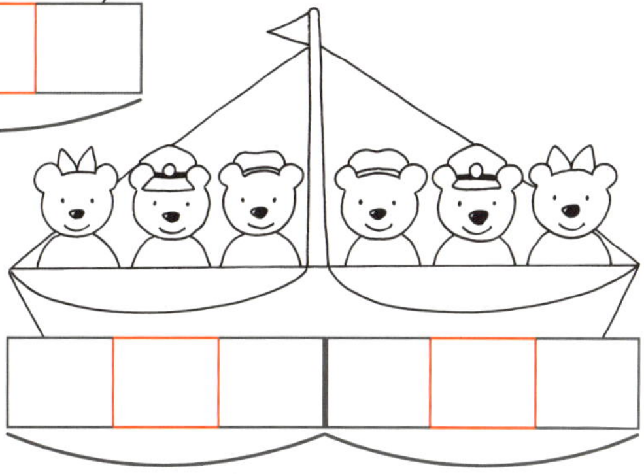

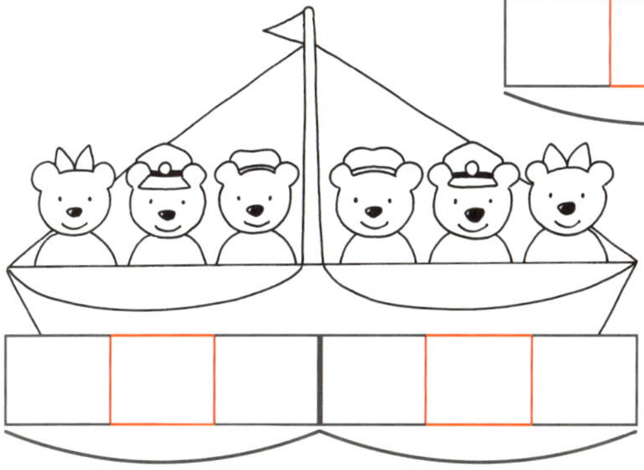

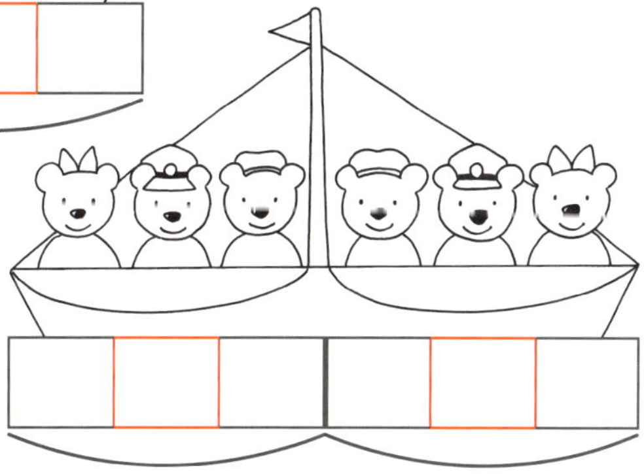

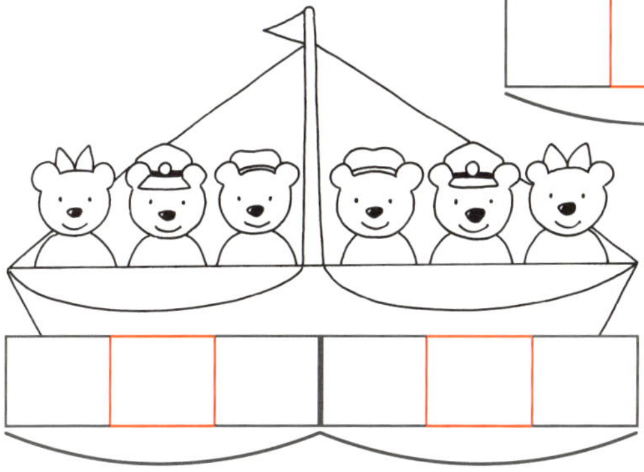

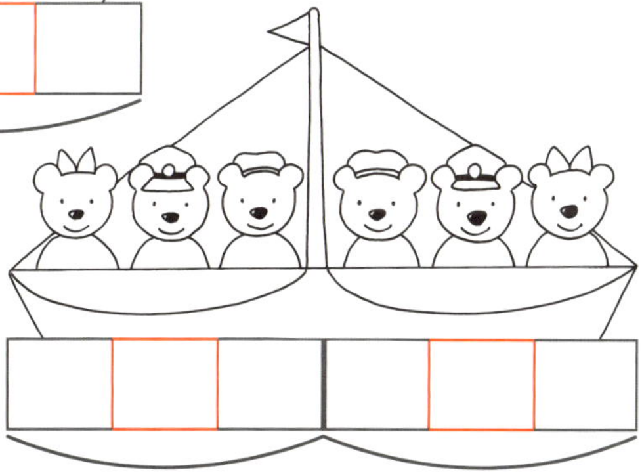

Wörter der Woche

der **H**afer

der **P**eter

der **M**eter

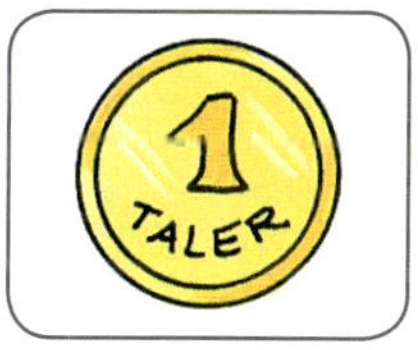

der **T**aler

der **M**aler

der **L**eser

1. Lies die Wörter der Woche und male die Silbenbögen.
2. Trage die Wörter in die richtigen Kästchen ein.

Silben verbinden H h

 **Me** • • **ter**    **Le** • • **ler**

 **Ha** • • **ter**    **Ma** • • **ser**

 **Pe** • • **fer**    **Ta** • • **ler**

1. Verbinde die Silben zu Wörtern.
2. Schreibe die Wörter auf die Linien und male die Silbenbögen.

Hafer

Peter

Meter

Taler

Maler

Leser

Das richtige Wort ankreuzen

☐ Hase
☐ Hafer
☐ Hose

☐ Tal
☐ Taler
☐ Tanz

☐ Pate
☐ Peter
☐ Papa

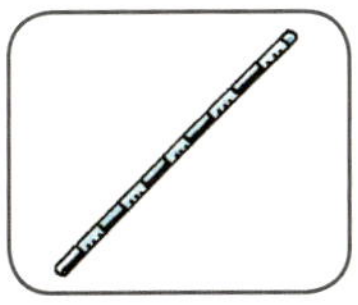

☐ Mama
☐ Mut
☐ Maler

☐ Meter
☐ Peter
☐ Mehl

☐ Leser
☐ Lampe
☐ Lob

1. Schreibe die Wörter der Woche auf die Linien und male die Silbenbögen.
★ 2. Kreuze das passende Wort an.

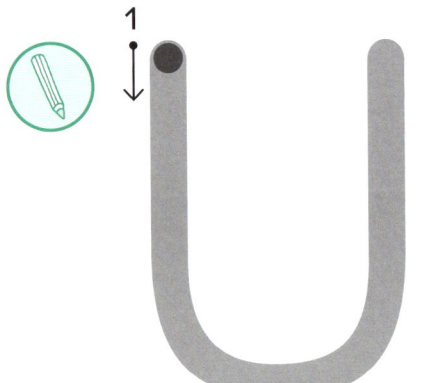
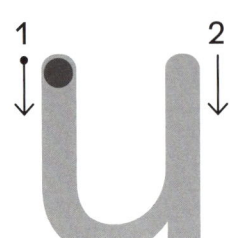

 U

 u

 U

 u

1. Spure den Buchstaben nach.
2. Male und schreibe passende Bilder und Wörter zu dem Buchstaben.
3. Schreibe den Buchstaben auf die Linien.

Das Bärenboot

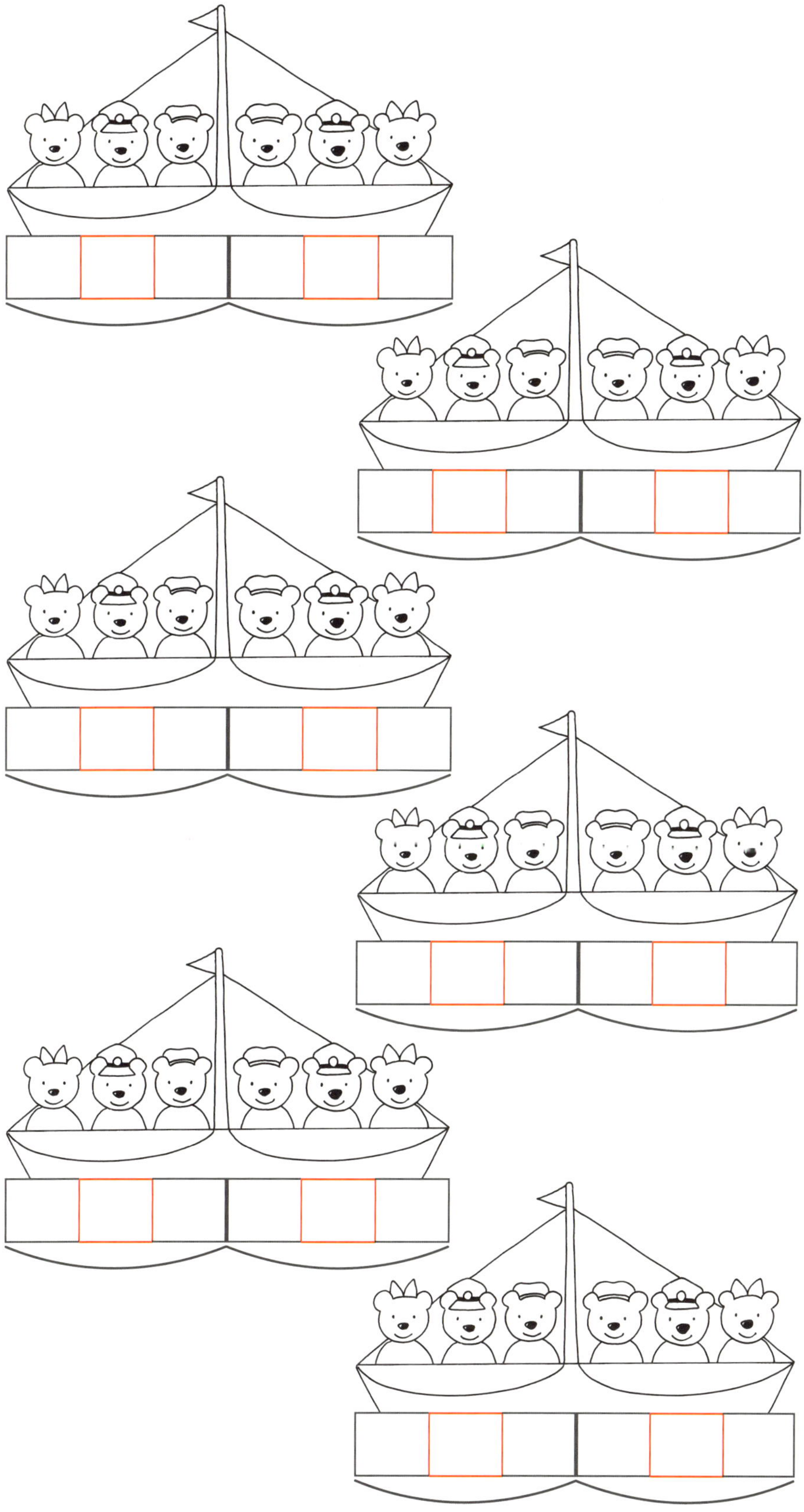

Wörter der Woche

das **U**fer

s**u**p**e**r

h**u**p**e**n

r**u**f**e**n

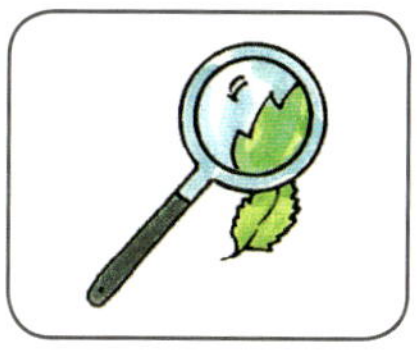

die **L**up**e**

die **H**up**e**

1. Lies die Wörter der Woche und male die Silbenbögen.
2. Trage die Wörter in die richtigen Kästchen ein.

Silben verbinden U u

 | U | pen |  | ru | pe

 | su | fer |  | Lu | fen

 | hu | per | 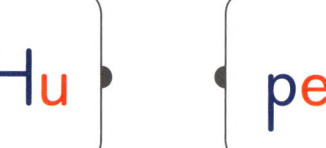 | Hu | pe

1. Verbinde die Silben zu Wörtern.
2. Schreibe die Wörter auf die Linien und male die Silbenbögen.

47

Ufer

super

hupen

rufen

Lupe

Hupe

Knobelsätze

Die Tiere finden eine lesen Lupe.

Der Maler schwimmt zum Ufer und
findet es dort lila super.

Papa, Mama und Opa uns machen ein Foto.

An der Tafel stehen steht viele Noten.

1. Schreibe die Wörter der Woche auf die Linien und male die Silbenbögen.
★ 2. Lies die Sätze. Streiche das unpassende Wort durch.

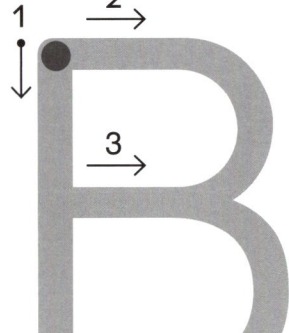
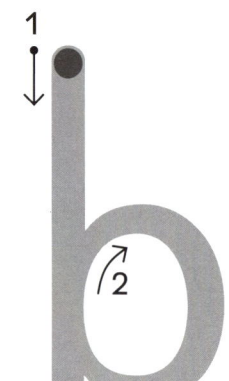

  B

 b

 B

 b

1. Spure den Buchstaben nach.
2. Male und schreibe passende Bilder und Wörter zu dem Buchstaben.
3. Schreibe den Buchstaben auf die Linien.

Das Bärenboot

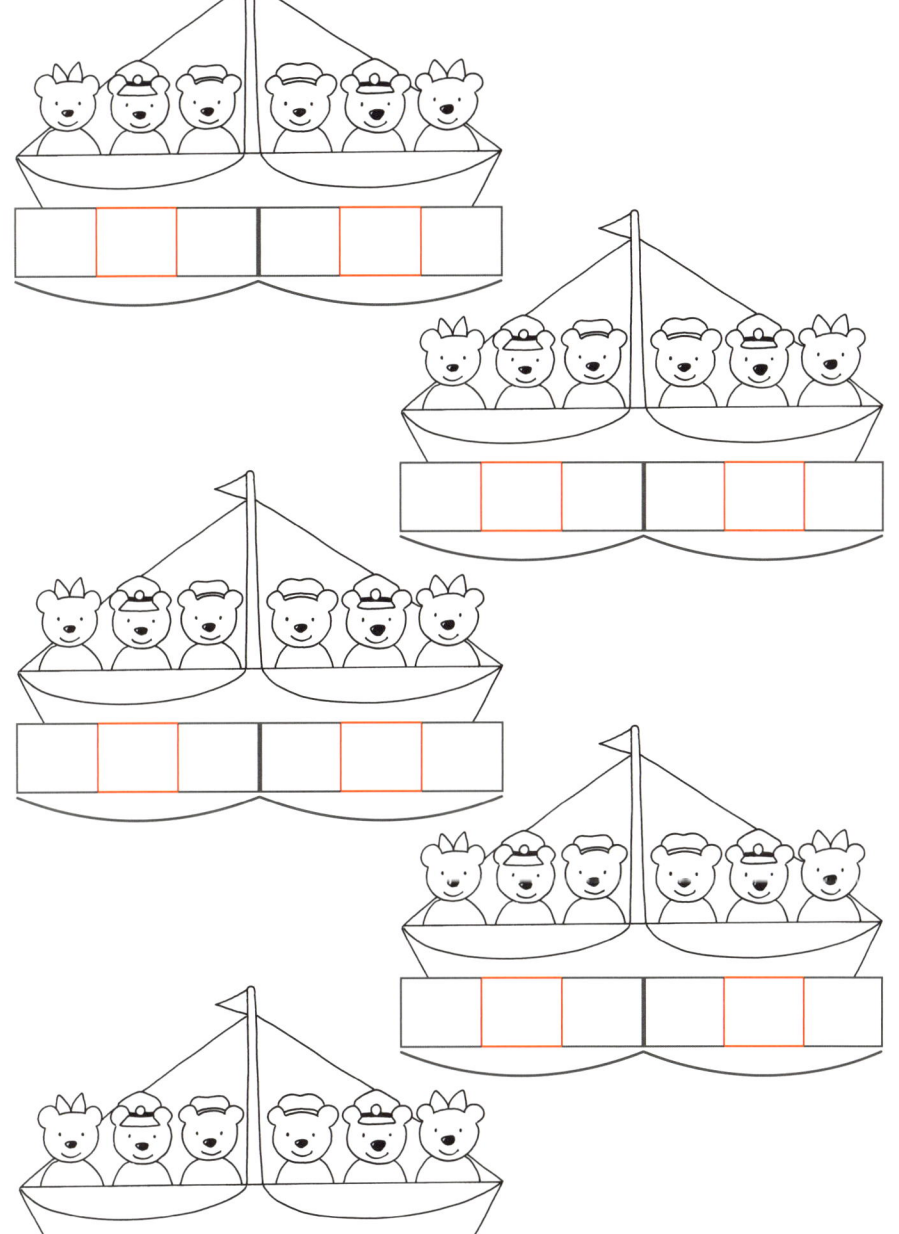

der **E**sel

heben

der **B**esen

lesen

leben

neben

1. Lies die Wörter der Woche und male die Silbenbögen.
2. Trage die Wörter in die richtigen Kästchen ein.

50

  der Esel

  heben

  der Besen

  lesen

  leben

  neben

Knobelsätze

Farid hört die Pfiffe keine der Detektive.

Tom nimmt sieht den Fisch aus der Pfanne.

Anna entdeckt eine sprudelnde Quelle in einem kleinen hat Garten.

Emilia findet Quallen im Meer große.

Mina spielt sehr gerne Klavier Puppe.

1. Lies die Wörter und verbinde sie mit dem richtigen Bild.
★ 2. Lies die Sätze. Streiche das unpassende Wort durch.

Esel

heben

Besen

lesen

leben

neben

Das richtige Wort ankreuzen

☐ Esel	☐ lachen
☐ essen	☐ loben
☐ Ente	☐ lesen
☐ rufen	☐ tanzen
☐ sagen	☐ toben
☐ heben	☐ leben
☐ Baum	☐ hinter
☐ baden	☐ auf
☐ Besen	☐ neben

1. Schreibe die Wörter der Woche auf die Linien und male die Silbenbögen.
★ 2. Kreuze das passende Wort an.

52

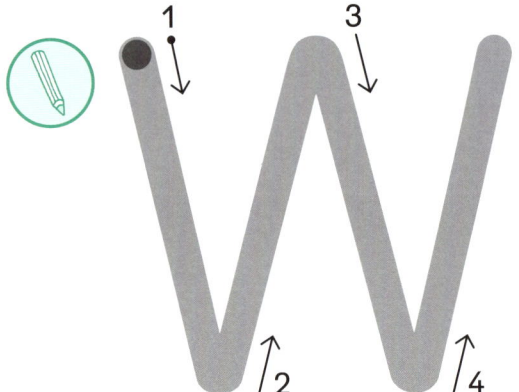 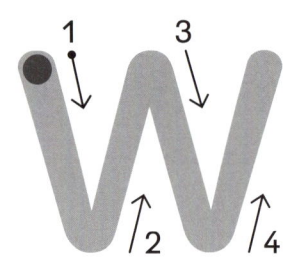 

 W

 W

 W

W

1. Spure den Buchstaben nach.
2. Male und schreibe passende Bilder und Wörter zu dem Buchstaben.
3. Schreibe den Buchstaben auf die Linien.

Das Bärenboot

Wörter der Woche

die **Ente**

die **Hefte**

die **Eltern**

die **Wespe**

die **Weste**

die **Erde**

1. Lies die Wörter der Woche und male die Silbenbögen.
2. Trage die Wörter in die richtigen Kästchen ein.

Silben verbinden W w

 **En** • • **te**    **Wes** • • **te**

 **Hef** • • **tern**   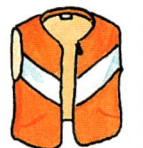 **Wes** • • **de**

 **El** • • **te**    **Er** • • **pe**

1. Verbinde die Silben zu Wörtern.
2. Schreibe die Wörter auf die Linien und male die Silbenbögen.

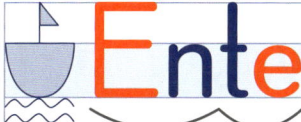

Ente

Hefte

Eltern

Wespe

Weste

Erde

Das richtige Wort ankreuzen

☐ Esel
☐ essen
☐ Ente

☐ Watte
☐ Winter
☐ Wespe

☐ Hefte
☐ Hafen
☐ Hilfe

☐ Osten
☐ Norden
☐ Weste

☐ Eltern
☐ Esel
☐ Kind

☐ Ende
☐ Ente
☐ Erde

1. Schreibe die Wörter der Woche auf die Linien und male die Silbenbögen.
★ 2. Kreuze das passende Wort an.

56

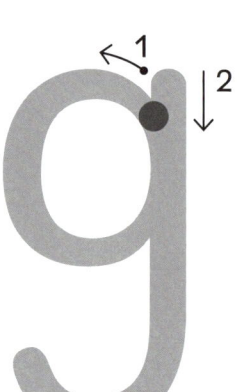

 G

 g

 G

 g

1. Spure den Buchstaben nach.
2. Male und schreibe passende Bilder und Wörter zu dem Buchstaben.
3. Schreibe den Buchstaben auf die Linien.

Das Bärenboot

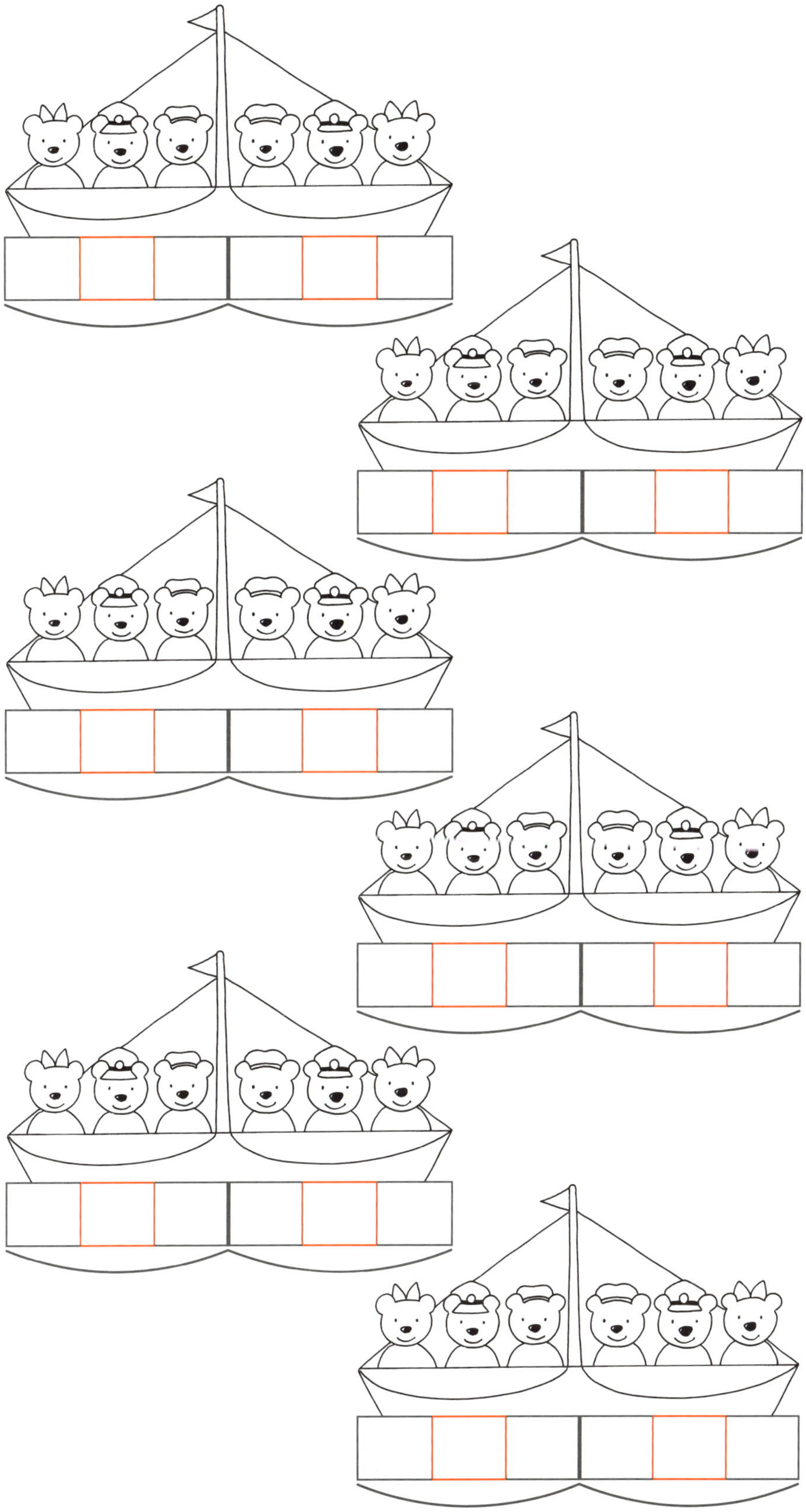

die **G**abel

s**ag**en

fr**ag**en

der **H**ase

malen

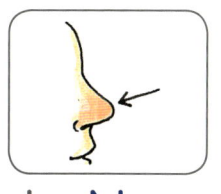

die **N**ase

1. Lies die Wörter der Woche und male die Silbenbögen.
2. Trage die Wörter in die richtigen Kästchen ein.

Silben verbinden G g

  Ga • • gen    Ha • • len

 sa • • bel    ma • • se

 fra • • gen   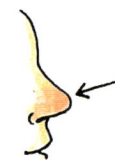 Na • • se

    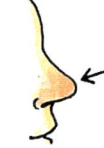 

1. Verbinde die Silben zu Wörtern.
2. Schreibe die Wörter auf die Linien und male die Silbenbögen.

Gabel

sagen

fragen

Hase

malen

Nase

Knobelsätze

Selma liest Pippi Langstrumpf und ist begeistert laut.

Anne singt schön und gewinnt hat einen Preis.

Johannes schmückt der den Klassenraum für eine Feier.

Timo holt eine kleine schwarz Katze vom Dach.

Janina trägt hängt ein großes Poster an die Wand.

1. Schreibe die Wörter der Woche auf die Linien und male die Silbenbögen.
★ 2. Lies die Sätze. Streiche das unpassende Wort durch.

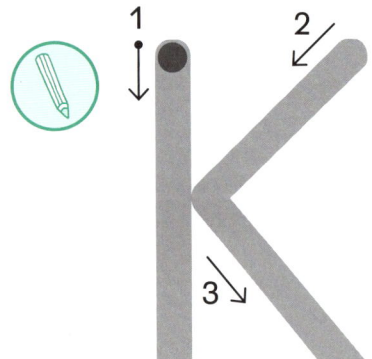 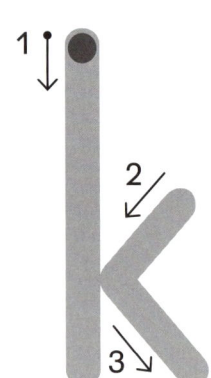 

1. Spure den Buchstaben nach.
2. Male und schreibe passende Bilder und Wörter zu dem Buchstaben.
3. Schreibe den Buchstaben auf die Linien.

Das Bärenboot

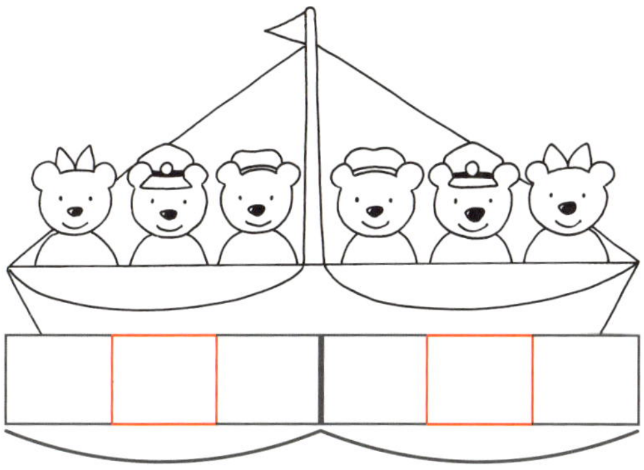

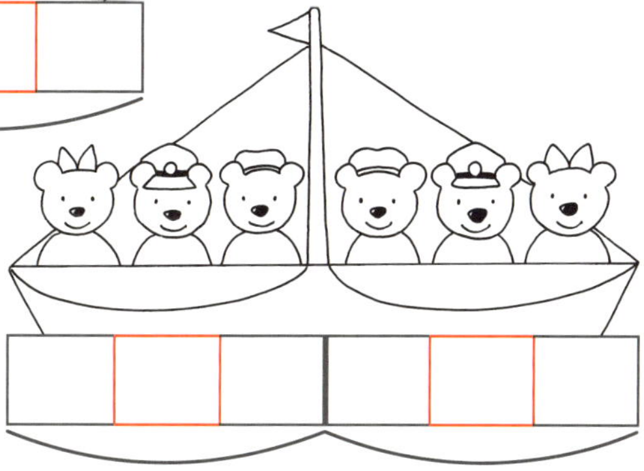

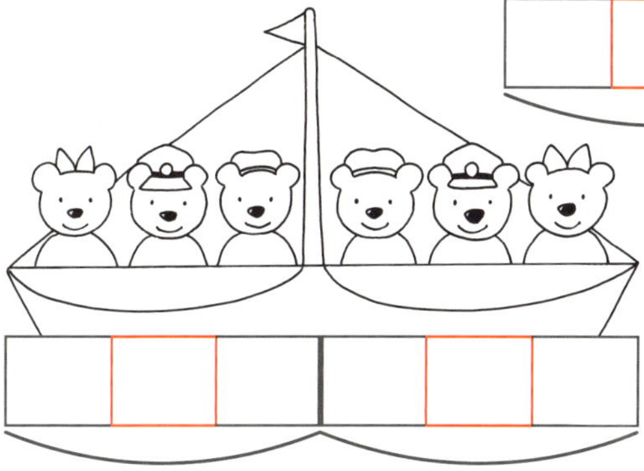

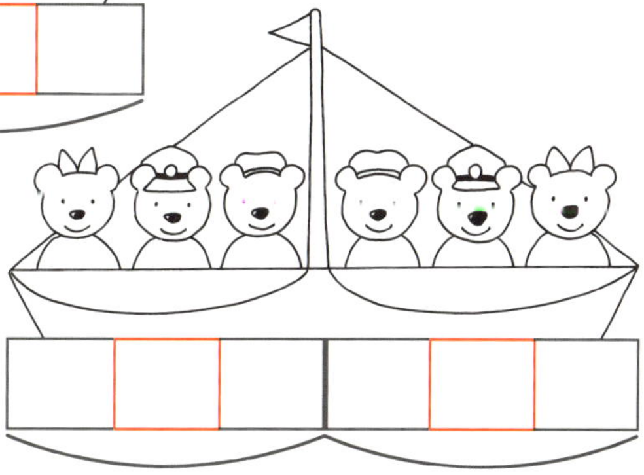

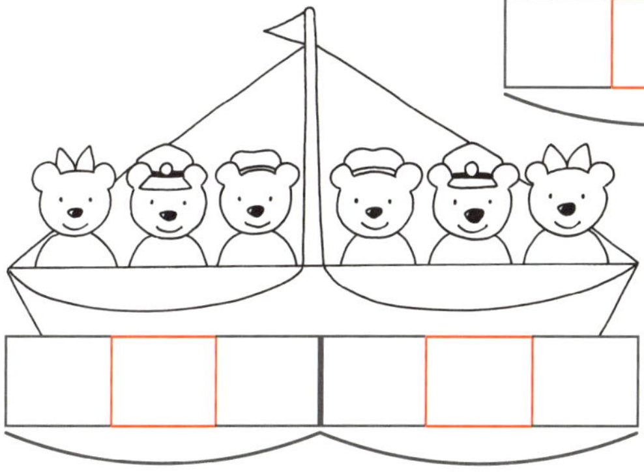

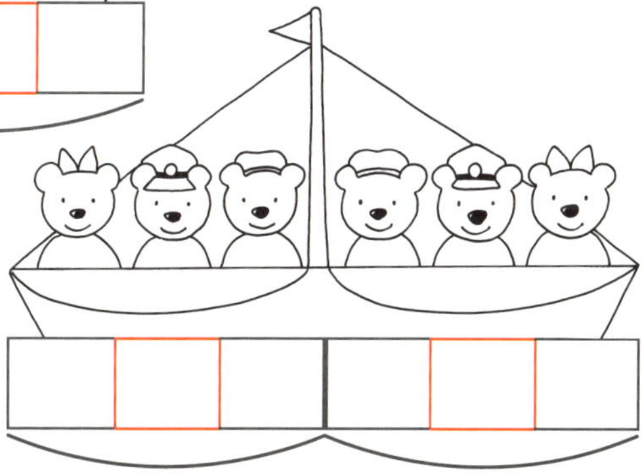

Wörter der Woche

der **K**asper

die **K**ante

die **A**mpel

der **M**antel

die **T**ante

die **L**ampe

1. Lies die Wörter der Woche und male die Silbenbögen.
2. Trage die Wörter in die richtigen Kästchen ein.

 Kas te  Man pe

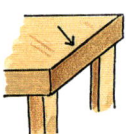 Kan pel  Tan tel

 Am per  Lam te

1. Verbinde die Silben zu Wörtern.
2. Schreibe die Wörter auf die Linien und male die Silbenbögen.

Kasper

Kante

Ampel

Mantel

Tante

Lampe

Das richtige Wort ankreuzen

☐ Kind
☐ Kabel
☐ Kasper

☐ Mama
☐ Maler
☐ Mantel

☐ Kiste
☐ Kante
☐ Klavier

☐ Tanz
☐ Tante
☐ Tinte

☐ Ara
☐ Ampel
☐ rot

☐ Lampe
☐ Lamm
☐ Licht

★ 1. Schreibe die Wörter der Woche auf die Linien und male die Silbenbögen.
★ 2. Kreuze das passende Wort an.

J

j

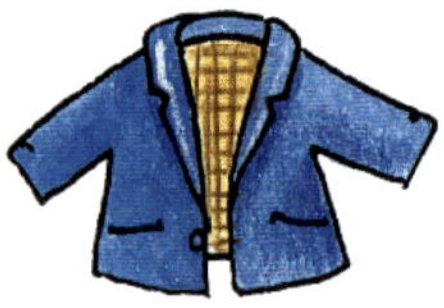

J

j

J

j

1. Spure den Buchstaben nach.
2. Male und schreibe passende Bilder und Wörter zu dem Buchstaben.
3. Schreibe den Buchstaben auf die Linien.

65

Das Bärenboot

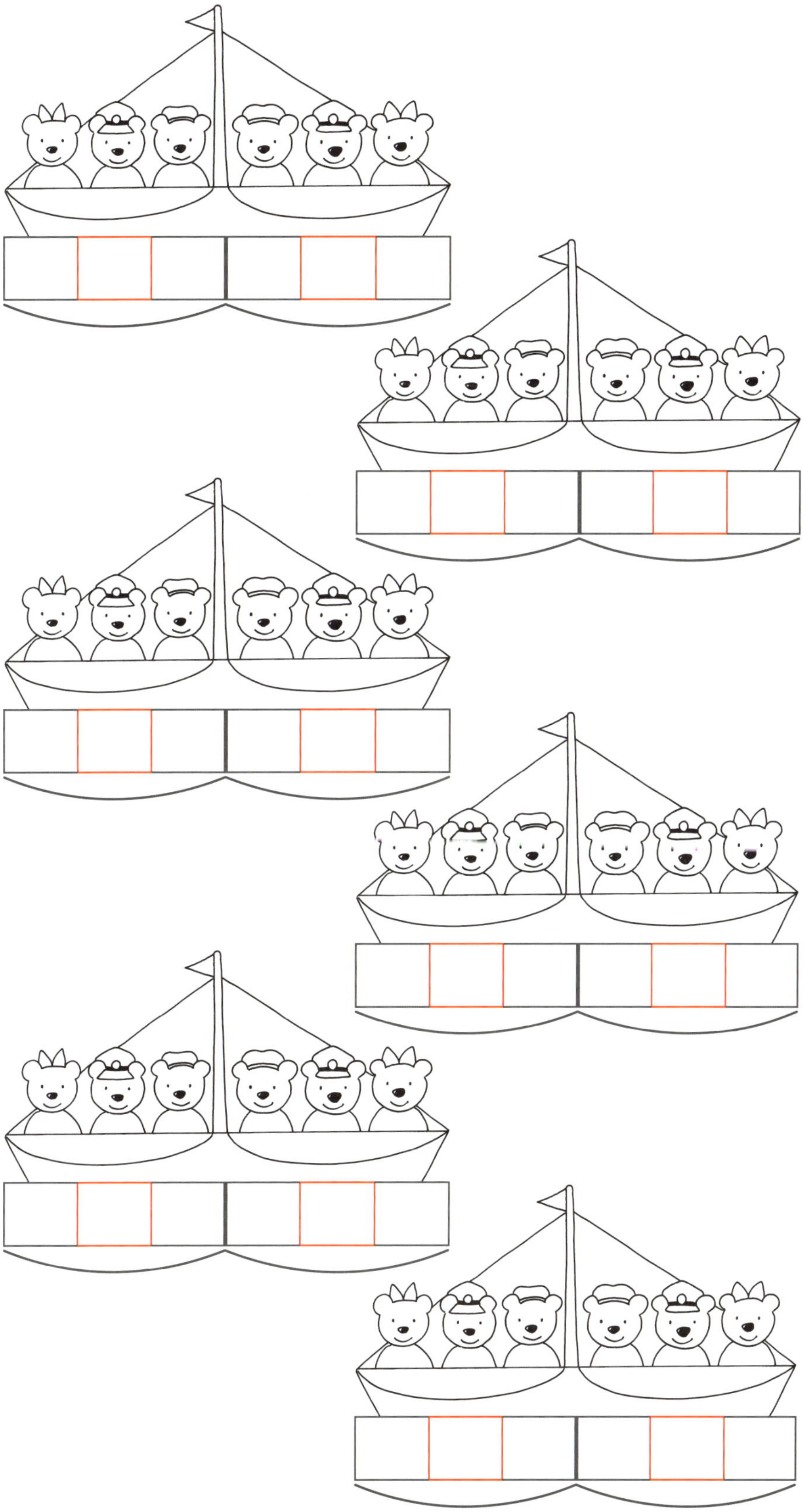

Wörter der Woche

das **J**o**j**o

die **O**ma

der **O**pa

die **H**ose

die **R**ose

der **O**fen

1. Lies die Wörter der Woche und male die Silbenbögen.
2. Trage die Wörter in die richtigen Kästchen ein.

 Jo — pa    Ho — fen

 O — jo    Ro — se

 O — ma    O — se

1. Verbinde die Silben zu Wörtern.
2. Schreibe die Wörter auf die Linien und male die Silbenbögen.

Jojo

Oma

Opa

Hose

Rose

Ofen

Knobelsätze

Janina und Dilara spielen sie hinter dem Haus.

Greta und Junis freuen lachen sich über die Seifenblasen.

Johanna und Ole spielen auf unten dem Schulhof in der Sonne.

Jan und Stina spielen mit einem Ball vor dem Fenster in der Mond Sonne.

Max und Emil lachen über den lustigen Clown verkleidet.

1. Schreibe die Wörter der Woche auf die Linien und male die Silbenbögen.
★ 2. Lies die Sätze. Streiche das unpassende Wort durch.

68

1 2→

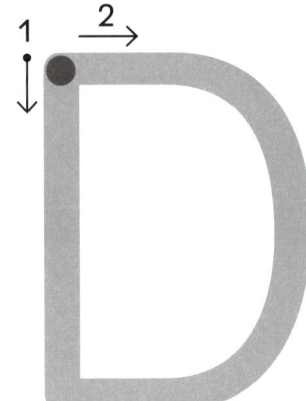

2

1←

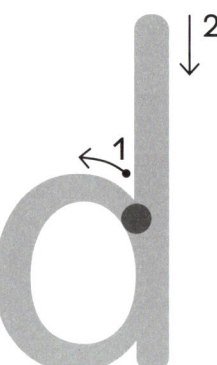

  D

 d

 D

 d

1. Spure den Buchstaben nach.
2. Male und schreibe passende Bilder und Wörter zu dem Buchstaben.
3. Schreibe den Buchstaben auf die Linien.

Das Bärenboot

Wörter der Woche

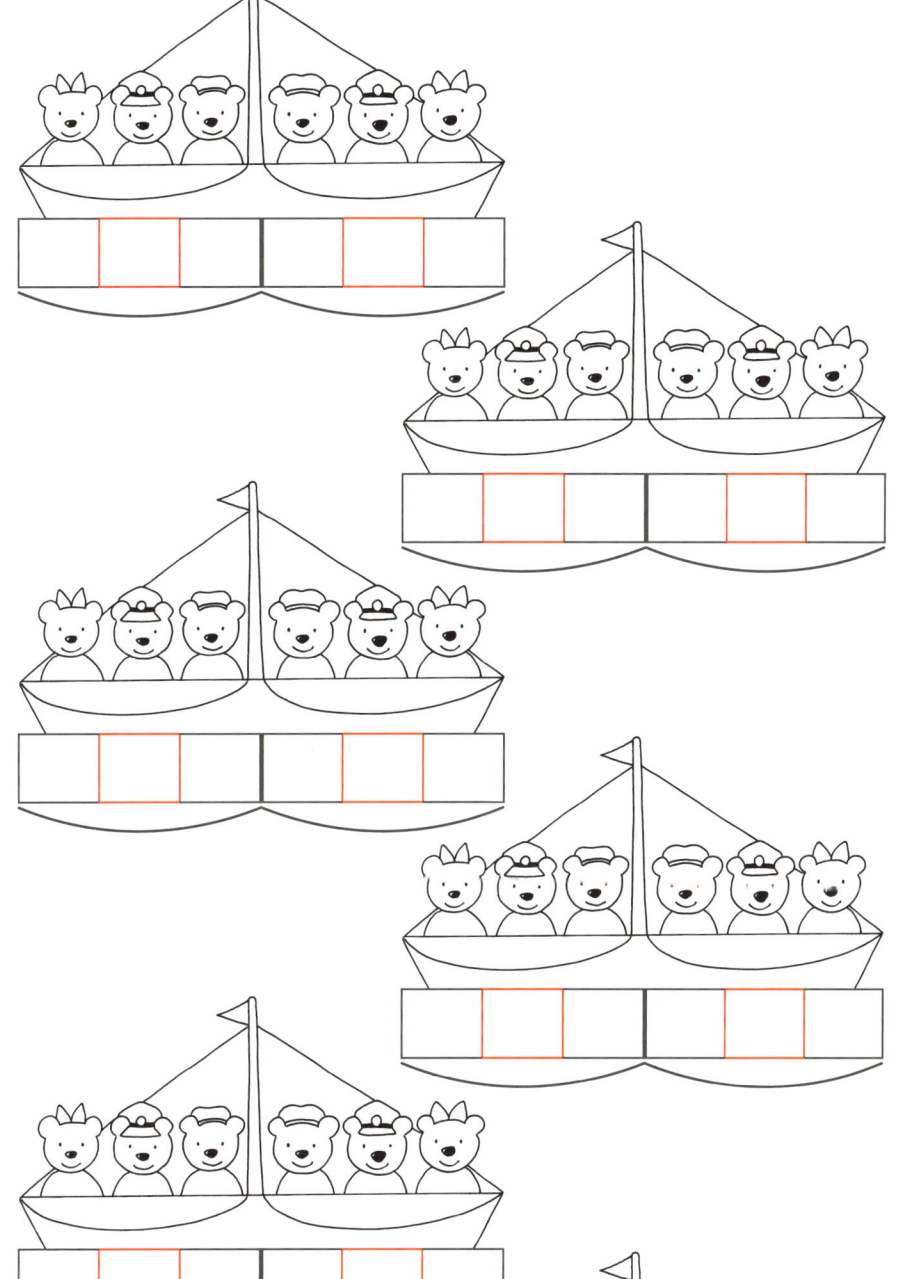

die **D**or**n**en

der **K**or**k**en

die **T**or**t**e

die **W**ol**k**e

die **W**or**t**e

der **O**r**d**en

1. Lies die Wörter der Woche und male die Silbenbögen.
2. Trage die Wörter in die richtigen Kästchen ein.

 • die Dornen |  • die Wolke

 • der Korken |  • die Worte

 • die Torte |  • der Orden

 Knobelsätze

Merle und Seyma singen klingen in einem
Chor schöne Lieder.

Despina und Jule beobachten einen
kleinen singenden Vogel Haus.

Julian und Steffen rechnen am zum
Computer.

Jenny und Hessam lesen lustige Bücher
auf dem Lesethron hoch vor.

Tom und Ali freuen finden sich auf die Ferien.

★ 1. Schreibe die Wörter der Woche auf die Linien.
2. Lies die Sätze. Streiche das unpassende Wort durch.

 **Dornen**

Korken

Torte

Wolke

Worte

Orden

 ## Das richtige Wort ankreuzen

- ☐ Dose
- ☐ Dornen
- ☐ Rose

- ☐ Welt
- ☐ Wand
- ☐ Wolke

- ☐ Kiste
- ☐ Korken
- ☐ Kante

- ☐ Worte
- ☐ Torte
- ☐ Korken

- ☐ Ton
- ☐ Tore
- ☐ Torte

- ☐ Orden
- ☐ Oma
- ☐ Ofen

1. Schreibe die Wörter der Woche auf die Linien und male die Silbenbögen.
★ 2. Kreuze das passende Wort an.